BIBLIOGRAPHISCHER DIENST STAAT UND RECHT

Herausgeber:
DEUTSCHES INSTITUT FÜR RECHTSWISSENSCHAFT
Potsdam-Babelsberg

Jahrgang 4/1958 — Heft 3
Mai/Juni

AKADEMIE-VERLAG · BERLIN

Inhaltsverzeichnis:

Auslieferungen:

Für das Gebiet der Deutschen Demokratischen Republik: LKG-Leipziger Kommissions- und Großbuchhandel, Leipzig C 1, Leninstraße 16

Für das Gebiet der Deutschen Bundesrepublik: KUNST UND WISSEN, Inh. Erich Bieber, Stuttgart N, Hospitalstraße 33a

Für das gesamte Ausland: Deutsche Buch-Export und -Import GmbH., Leipzig C 1, Postschließfach 276, oder Akademie-Verlag GmbH., Berlin W 8, Mohrenstraße 39

Bestellungen sind zu richten an eine Buchhandlung oder an die Post

---

Herausgeber und verantwortlich für den Inhalt: Der Direktor des Deutschen Instituts für Rechtswissenschaft. Redaktion: Helmut Luft und Klaus Jäger, Potsdam-Babelsberg, Karl-Marx-Straße 2. Verlag: Akademie-Verlag GmbH., Berlin W 8, Mohrenstraße 39, Fernruf: 200386, Postscheckkonto: 35021. Bestell- und Verlags-Nr. dieses Heftes: 1049/4/3. Die Zeitschrift erscheint zweimonatlich. Bezugspreis für den Jahrgang einschließlich Register: DM 22,20; Einzelheft: DM 3,70. Veröffentlicht unter der generellen Druckgenehmigungs-Nr.: Ag 715/58 DDR. Gesamtherstellung: VEB Druckerei „Thomas Müntzer" Bad Langensalza.

A. BIBLIOGRAPHIE AUS ZEITSCHRIFTEN DER DEUTSCHEN DEMOKRATISCHEN REPUBLIK, DER SOWJETUNION UND DEN LÄNDERN DER VOLKSDEMOKRATIE

Diese Bibliographie enthält eine Auswahl einschlägiger Artikel aus folgenden Zeitschriften: 1)

a) Deutschsprachige Zeitschriften

Ahdl.	= Der Außenhandel, Berlin	1958,H.4-6
Arb.	= Die Arbeit, Berlin	1958,H.3-4
ArbR	= Arbeitsrecht, Zeitschrift für Theorie und Praxis, Berlin	1958,H.3
Aufb.	= Aufbau (Kulturpolitische Monatsschrift), Berlin	1958,H.2-3
A.u.S.	= Arbeit und Sozialfürsorge, Berlin ...	1958,H.4-6
Ber.Dt.Wirtsch.Inst.	= Berichte des Deutschen Wirtschaftsinstituts, Berlin	1958,H.3-5
ddz	= Dokumentation der Zeit, Berlin	1958,H.159-162
Dem.Aufb.	= Demokratischer Aufbau, Berlin	1958,H.3-7
Dem.u.R.	= Demokratie und Recht, Berlin	1958,H.1
DFW	= Deutsche Finanzwirtschaft, Berlin ...	1958,H.4-7
Dt.Auss.pol.	= Deutsche Außenpolitik, Berlin	1958,H.3-4
Einh.	= Einheit, Berlin	1958,H.2-3
EuV	= Erfindungs-und Vorschlagswesen,Berlin	1958,H.3
Hdl.	= Der Handel, Berlin	1958,H.3-4
Jug.Heimerz.	= Zeitschrift für Jugendhilfe und Heimerziehung, Berlin	1958,H.2-3
Militärwesen	= Zeitschrift für Militärpolitik und Mimitärtheorie, Berlin	1958,H.2
Nat.	= Die Nation, Zeitschrift für Theorie und Praxis nationaler Politik,Berlin.	1958,H.2-3
NJ	= Neue Justiz, Berlin	1958,H.4-7
N.Weg	= Neuer Weg, Berlin	1958,H.4-7
N.Zeit	= Neue Zeit, Moskau	1958,H.6-12
RID	= Rechtswissenschaftlicher Informationsdienst, Berlin	1958,H.4-8
Schöffe	= Der Schöffe, Berlin	1958,H.2-3
Schr.Dt.Vpol.	= Schriftenreihe der Deutschen Volkspolizei, Berlin	1958,H.19-20
Sov.Wiss.(GB)	= Sowjetwissenschaft,Gesellschaftswiss. Beiträge, Berlin	1958,H.3-4
Soz.Vers.	= Die Sozialversicherung, Berlin	1958,H.3-4

Stadt u.Gem.	= Stadt und Gemeinde, Berlin	1958,H.1-3
Stat.Prax.	= Statistische Praxis, Berlin	1958,H.2-3
St R	= Staat und Recht, Berlin	1958,H.2-3
Vertr.Syst.	= Vertragssystem, Berlin	1958,H.2-3
Vpol.	= Die Volkspolizei, Berlin	1958,H.4-7
Weltb.	= Die Weltbühne, Berlin	1958,H.7-12
WGBew.	= Die Weltgewerkschaftsbewegung, Berlin	1958,H.2-3
Wirtsch.Wiss.	= Wirtschaftswissenschaft, Berlin	1958,H.1
Wiss.Ann.	= Wissenschaftliche Annalen, Berlin ...	1957,H.12
WZ Berlin(GR)	= Wissenschaftliche Zeitschrift der Humboldt-Universität, Berlin	1956/57,H.3
WZ Rostock	= Wissenschaftliche Zeitschrift der Universität Rostock	1956/57,H.2
Zs.Gesch.Wiss.	= Zeitschrift für Geschichtswissenschaft, Berlin	1958,H.1-2

b) Fremdsprachige Zeitschriften

Čas.pro mez.pr.	= Časopis pro mezinárodni právo, Prag .	1958,H.1
J.K.	= Jogtudományi közlöny (Rechtswissenschaftliche Mitteilungen), Budapest..	1958,H.1-2
J.N.	= Justitia Nouá(Neue Justiz),Bukarest..	1958,H.1
	Kommunist, Moskau	1958,H.1-4
Mag.Jog	= Magyar Jog (Ungarisches Recht),Budápest	1957,H.3-8,10-11
	Nová mysl (Neuer Geist), Prag	1958,H.2-3
	Nowe Drogi (Neue Wege), Warschau	1958,H.3
	Nowe Prawo (Neues Recht), Warschau ..	1958,H.1-3
	Palestra (Organ des Obersten Anwaltschaftsrates), Warschau	1958,H.1
P.i P.	= Państwo i Prawo (Staat und Recht), Warschau	1957,H.11-12 1958,H.1-2
Pr.	= Právnik (Der Jurist), Prag	1958,H.1-2
Probl.econ.	= Probleme economice (Fragen der Ökonomie), Bukarest	1957,H.7-11
Przegl.zach.	= Przeglad Zachodni (Westliche Rundschau), Posen	1957,H.6
Soc.pravo	= Socialističesko pravo (Sozialistisches Recht), Sofia	1957,H.10 1958,H.1-2
Soc.zak.(SSSR)	= Socialističeskaja zakonnost (Sozialistische Gesetzlichkeit), Moskau	1958,H.1-2
	Soudce z lidu (Der Volksrichter),Prag	1958,H.1-2
Sov.gos.pravo	= Sovetskoe gosudarstvo i pravo (Sowjetstaat und Sowjetrecht), Moskau	1958,H.2-3

Vop.ekon. = Voprosy ekonomiki (Fragen der Ökonomie), Moskau 1957,H.11-12

Vopr.fil. = Voprosy filosofii (Fragen der Philosophie), Moskau 1958,H.1-2

Vopr.ist. = Voprosy istorii (Fragen der Geschichte), Moskau 1958,H.1

Z.n.Poznan-Prawo= Zeszyty naukowe Uniwersytetu im Adama Mickiewicza,Prawo,(Wissenschaftliche Hefte der Adam Mickiewicz-Universität,"Das Recht"), Posen 1957,H.3-5

1) Die hier aufgeführten Hefte sind gemäß der Benutzungsordnung der Bibliothek des Deutschen Instituts für Rechtswissenschaft bedingt ausleihfähig.

1.Marxismus-Leninismus [1)]

Bljumin, I.: Über die Krise der modernen bürgerlichen politischen Ökonomie. (Vopr.ekon.,1957, H.12, S.64-75)

Di Čao-baj (Di Tschao-baj): Der Große Oktober und die Fragen des Übergangs vom Kapitalismus zum Sozialismus in der Volksrepublik China. (Vopr.ekon.,1957, H.11, S.27-39)

Foster,W.: Die Krise der Kommunistischen Partei der USA und deren Überwindung. (Kommunist, 1958,H.4, S.74-91)

Frolov,I.T.(Frolow,I.T.): Determinismus und Teleologie.(Vopr.fil., 1958, H.2, S.35-49)

Garaudy,R.: Die katholische Propaganda des "Klassenfriedens" und die französische Wirklichkeit. (Kommunist, 1958,H.4, S.92-101)

Gatovskij,L.(Gatowskij,L.): Über die allgemeinen Gesetzmäßigkeiten und Besonderheiten des Aufbaus des Sozialismus in den verschiedenen Ländern. (Vopr.ekon.,1957, H.12, S.12-28)

Hollan,J.: Die heutige Politik der Labourpartei. (Kommunist, 1958, H.2, S.76-87)

Klofáč, J.: Einige typische Erscheinungen der modernen bürgerlichen Soziologie. (Nová mysl, 1958, H.3, S.210-224)

Leonidow,A.: Die politische Rolle der Jesuiten im modernen Imperialismus. (Sov.Wiss.(GB),H.4, S.481-498)

Marek, F.: Zum Programmentwurf der Sozialistischen Partei Österreichs. (Einh.,1958, H.2, S.272-276)

Nemes,D.: Die "Ideen" von Imre Nagy und die ideologische Vorbereitung des Verrats. (Einh.,1958,H.2, S.211-229)

1) Die nach der Fundstelle eines Artikels angegebenen Zahlen verweisen auf die Bedeutung dieses Artikels auch für andere Fachgebiete entsprechend der hier zugrundegelegten Systematik.

Nikolaev, I.V.(Nikolajew, I.W.): Die wichtigsten Etappen der Entwicklung der Kategorie "Materialismus". (Vopr.fil.,1958,H.2, S.64-74)

Oehme, M.: Die Theorie der katholischen Soziallehre vom "Klassenfrieden"- ein demagogisches Verwirrungsmanöver des politischen Katholizismus. (Einh.,1958, H.2, S.199-210)

Semenov, V.(Semjenow, W.): Die antiwissenschaftlichen Theorien über die Klassen und den Klassenkampf in der modernen bürgerlichen Soziologie. (Kommunist, 1958,H.3, S.77-94)

Šetlík,I.: Der alte und der neue Revisionismus. L.Longo,Revisionismo nuovo e antico, Mailand 1957, 87 S. (Rez.). (Nová mysl, 1958, H.2, S.173-181)

Tugarinov,V.P. (Tugarinow,W.P.): Über die Kategorien "gesellschaftliches Sein" und "gesellschaftliches Bewußtsein". (Vopr.fil.,1958, H.1, S.15-26)

Urban,L.: Über den Kampf gegen den westdeutschen Imperialismus. (Nová mysl, 1958,H.3, S.259-270)

2.Rechtswissenschaft (Aufgaben und Methoden)

Pavlov,I.V.(Pawlow,I.W.):Die Entwicklung der sowjetischen Rechtswissenschaft im Verlauf von 40 Jahren. (Sov.gos.pravo, 1957,H.11,S.30-49; deutsch: RID,1958,H.4, Sp.97-117; J.K.,1958, H.1-2, S.6-19)

3.Staats-und Rechtstheorie

Bednarski,St.: Bericht über die Diskussion zum Begriff der Funktionen des Staates. (P.i P.,1957,H.12, S.1117-1123)

Cyprian,T.: Ist die Strafvorschrift ein Instrument der Wirtschaftspolitik? (N.P.,1958, H.3, S.78-82) 11

Davidovič, A.M.(Dawidowitsch,A.M.): Über die Periodisierung der Geschichte des Sowjetstaates und des Sowjetrechts. (Sov.gos.pravo, 1958, H.3, S.112-119)

Ehrlich,S.: Zum subjektiven Recht. (P.i P.,1958, H.2, S.241-249)

Gorkin,A.: Die Sowjetdemokratie - eine Demokratie für das Volk. (Kommunist, 1958,H.3, S.14-24)

Helmbrecht,A.: "Zur ideologischen Natur des Rechts" im Lichte des Großen Oktober. (St R,1958,H.3, S.244-264)

Helsingher,B.: Einige Fragen der Theorie des sozialistischen Rechts im Zusammenhang mit dem Wesen der staatlichen und genossenschaftlichen juristischen Person. (J.N.,1958,H.1, S.50-61) 13

Ljutov,K.: Nochmals über die Bedeutung der Partei- und Regierungsakte für die Auslegung und Anwendung der Strafrechtsnormen. (Soc.pravo, 1957,H.10, S.4-20) 11

Nikolaev,V.V.(Nikolajew,W.W.): Über die Hauptetappen der Entwicklung des sozialistischen Sowjetstaates.(Sov.Wiss.(GB),1958,H.4, S.399-418)

Recht und Gesetzlichkeit in der DDR.T.3. Rechtssystem und Rechtszweige. (Schöffe,1958, H.3, S.94-98)

Schüsseler, R.: Das Verhältnis zwischen Produktionsverhältnissen und Rechtsverhältnissen im Sozialismus. (St R, 1958,H.2, S.138-156)

Schüßler,G.: Einige Gedanken zu den Funktionen des sozialistischen Staates. (St R, 1958,H.2, S.188-201)

Szabo,I.: Über den Kampf gegen die Überreste der bürgerlichen Rechtsideologie in der Ungarischen Volksrepublik. (St R, H.2, S.157-169)

Szwedek,E.: Die Strafvorschrift, ein Instrument der Wirtschaftspolitik. (N.P.,1958, H.2, S.15-25)

Tumanov,V.A.(Tumanow,W.A.): Über einige Züge der rechtssozialistischen Ideologie auf dem Gebiet des Staates und des Rechts. (Sov.gos.pravo, 1958, H.3, S.54-66)

Wisniewski,A.: Zur Frage der sog.schöpferischen Rolle der Rechtsprechung des Obersten Gerichts. (P.i P., 1957, H.11, S.861-866)

Wróblewski,J.: Die Systematik des Rechts in der Praxis der Auslegung des Volksrechts. (N.P.,1958, H.2, S.3-14)

Ziembiński,Z.: Zur sogenannten logischen Auslegung.(Z.n.Poznań-Prawo, 1958, H.5, S.75-90)

4.Geschichte der Staats-und Rechtstheorie

Mlynár,Z.: R.D.Lukić, Geschichte der politischen und Rechtstheorien. Bd I. Von der Antike bis zum Beginn des 17.Jahrhunderts. Belgrad 1956. (Rez.) (Pr.,1958, H.1, S.77-87)

5.Staats-und Rechtsgeschichte

Babij, B.M.: Die Bildung des sozialistischen Ukrainischen Sowjetstaates. (Sov.gos.pravo, 1958, H.3, S.43-53)

Benser,G.;X.Streb;G.Winkler: Partei und Massen bei Ausbruch des ersten Weltkrieges. (Betr.SPD).(Zs.Gesch.Wiss.,1958, H.1,S.169-190)

Epstein,A.D.: Reformation und Bauernkrieg in Deutschland als erste bürgerliche Revolution. (Sov.Wiss.(GB), H.3, S.363-392)

Gendrich,I.: Vom Februar-Sieg - zur Vollendung des Aufbaus des Sozialismus in der Tschechoslowakischen Volksrepublik. (Kommunist, 1958, H.3, S.62-76)

Jerussalimski,A.S.: Die Große Sozialistische Oktoberrevolution und das Problem der sowjetisch-deutschen Beziehungen. (Zs.Gesch.Wiss., 1958, H.1, S.38-65)

Klimeš,M.;M.Zachoval: Die Entwicklung der Nationalen Front bis zum Februar 1948. (Polen). (Nová mysl, 1958, H.2, S.104-121)

Lebović,M.F. (Lebowitsch,M.F.): Die Räte in Ungarn im Jahre 1919. (Sov.gos.pravo, 1958, H.2, S.71-81)

Lindau,R.: Arbeiterklasse und SPD-Führung beim Ausbruch des ersten Weltkrieges. (Einh.,1958, H.3, S.381-396)

Ostoja-Ovsjanyj, I.D.(Osstoja-Owssjanij,I.D.): Aus der Geschichte der französisch-deutschen Verhandlungen in den Jahren 1936-1937. (Vopr.ist.,1958, H.1, S.102-122)

Schleifstein, J.: Die deutsche Sozialdemokratie bei Ausbruch des ersten Weltkrieges. (Zs.Gesch.Wiss.,1958, H.1, S.190-214)

Schreiner,A.: Auswirkungen der Großen Sozialistischen Oktoberrevolution auf Deutschland vor und während der Novemberrevolution. (Zs.Gesch.Wiss.,1958, H.1, S.7-37)

6.Völkerrecht und Außenpolitik

Alavi,B.: Der Bagdad-Pakt.(Ratstagung vom 27.-30.Dez. 1957 in Ankara). (Dt.Auss.pol.,1958, H.4, S.375-384)

Auersperg, P.: Die ČSR und die Bonner Revanchepolitik.(Dt.Auss.pol., 1958, H.4, S.324-333)

Aulbach,L.: Asiatisch-afrikanische Einheitsfront gegen den Imperialismus. (Kairoer Konferenz). (Einh.,1958,H.3, S.416-425)

Der westdeutsche Außenhandel im Schatten der Krise. (Ber.Dt.Wirtsch. Inst.,1958, H.5, S.1-20)

Aust,H.W.: Der "Gemeinsame Markt" bedroht die überseeischen Rohstoffländer. (Dt.Auss.pol.,1958, H.3, S.224-236)

Bär,H.: Die Mitarbeit der DDR in der Europäischen Wirtschaftskommission. (Dt.Auss.pol., 1958, H.4, S.347-351)

Bantscheff,S.: Die Rechtsstellung der Außenhandelsbetriebe und das Schiedsverfahren bei Streitigkeiten zwischen ihnen und ausländischen Vertragspartnern. (Soc.prawo, 1956,H.8, S.1-10; deutsch: RID, 1958,H.5, Sp.156-162)

Barsagow,J.G.: Die Achtung der territorialen Integrität ist eines der Prinzipien der friedlichen Koexistenz. (Sov.gos.pravo,1957, H.9, S.25-31; deutsch: RID,1958, H.8, Sp.231-238)

Berndt,A.: Ghana, die jüngste Republik Afrikas. (Nat.,1958,H.2, S. 105-117)

Brill,E.: Politische Notizen. (Betr. Naher und Mittlerer Osten). (Weltb.,1958, H.9, S.257-261)

ChmelnizkajaJ.: Westdeutschlands Monopole im Kampf um die Neuaufteilung der Märkte. (Sov.Wiss.(GB), 1958,H.3, S.340-354)

Čižov,K.Ja.(Tschishow,K.Ja.): "Klein-Europa" - eine Gefahr für den Frieden und die Unabhängigkeit der Staaten. (Sov.gos.pravo, 1958, H.3, S.95-103)

Dvořak,V.: Zum Entwurf des neuen internationalen Abkommens über die Vollstreckung ausländischer Schiedssprüche. (Pr.,1956,H.5,S.477-434; deutsch: RID,1958, H.5, Sp.144-155)

Etinger,J.: Bonn und Afrika. (N.Zeit, 1957, H.6, S.8-10)

Gdanski,M.: Ein Blick auf den Nahen Osten. (Nowe Drogi,1958, H.3, S.129-140)

Grossmann,A.: Skandinavien zwischen NATO und Neutralität. (Dt.Auss.pol.,1958, H.4, S.352-358)

Hegler,H.: Zur Entwicklung der Widersprüche zwischen Großbritannien und den Vereinigten Staaten von Amerika.(Nat.,1958,H.2,S.91-104)

Indonesiens Kampf um die Befreiung von der Kolonialherrschaft. (Dokumentation). (ddz, 1958, H.161, S.32-39)

Koževnikov, F.I.(Koshjewnikow,F.I.): Die Vorbehalte bei der Anerkennung der Verbindlichkeit der internationalen Gerichtsbarkeit. (Sov.gos.pravo, 1958, H.2, S.62-70)

Krzyminski,A.: Die Leipziger Messe als Exponent der Handelsbeziehungen der Deutschen Demokratischen Republik.(Przegl.zach.,1957,H.6, S.254-272)

Lavrišev,A.N.: Die wirtschaftliche Zusammenarbeit und die gegenseitige Hilfe zwischen den Ländern des sozialistischen Weltsystems. (Probl.econ.,1957, H.10, S.43-56)

Lohse,R.: Gemeinsamer Markt - für wen? - gegen wen? (DFW,1958,H.7, Ausg.Staatsh., S.191-194) 10

Lukašuk,I.I.(Lukaschuk,I.I.): Das Problem des Objekts des Völkerrechts. (Sov.gos.pravo, 1958, H.3, S.104-111)

Lukin,P.I.: Über die reaktionären bürgerlichen Konzeptionen von den Quellen des Völkerrechts. (Sov.gos.pravo, 1958, H.2, S.82-89)

Martin,A.: Der sozialistische Internationalismus als Grundprinzip der völkerrechtlichen Beziehungen zwischen den sozialistischen Staaten. (Dt.Auss.pol.,1958, H.3, S.273-285)

Mertins,H.: Der Nahe und Mittlere Osten im Lichte der Entwicklung von Bandung bis Kairo. (Nat.,1958, H.3,S.190-205)

Morosow,G.J.: Ein Programm zur Untergrabung der internationalen Zusammenarbeit. (Sov.gos.pravo,1957,H.4, S.81-89; deutsch: RID,1958, H.8, S.238-247)

Mrázek,I.: Die neue gesetzliche Regelung der Konsularvertretung. (Čas.pro mez.pr.,1958, H.1, S.64-66)

Müller,H.: Der Luftverkehr der DDR mit dem Ausland. (Dt.Auss.pol., 1958, H.3, S.237-243)

Zur politischen und militärischen Krise der NATO.(Militärwesen,1958, H.2, S.280-299)

Die Pariser NATO-Gipfelkonferenz - ihre Ursachen und Ergebnisse. (ddz, 1958, H.160, S.28-40)

Opitz,K.: Der Rat für Gegenseitige Wirtschaftshilfe. (Ahdl.,1958, H.4/5, S.124-125)

Piwarski,K.: Veränderungen der internationalen Lage innerhalb der letzten 40 Jahre (1917-1957).(Przegl.zach.,1957,H.6, S.217-230)

Potechin, I.I.: Zum Studium der ethnischen Bestandteile Afrikas im Zusammenhang mit dem Zerfall des Kolonialsystems. (Sov.Wiss.(GB), 1958, H.4, S.473-480)

Scharmasanaschwili,G.W.: Der Kolonialkrieg - eine grobe Verletzung des Völkerrechts. (Sov.gos.pravo,1957,H.10, S.55-61; deutsch: RID, 1958, H.8, Sp.225-231)

Spröte,W.: Auswirkungen des westeuropäischen gemeinsamen Marktes auf die Wirtschaftsbeziehungen zwischen sozialistischen und kapitalistischen Ländern. (Wirtsch.Wiss.,1958, H.1, S.85-98)

Stern,I.: Das Problem der Souveränität vor und nach der Großen Sozialistischen Oktoberrevolution. (St R, 1958,H.2, S.170-187)

Villain,J.: Die Hintergründe der Weltpolitik im Nahen Osten. (Weltb.,1958, H.12, S.364-368)

Wagner,H.: Bedeutung und Charakter der "Allgemeinen Bedingungen des Rates für Gegenseitige Wirtschaftshilfe 1958". (Ahdl.,1958,H.6, S.216-218)

Wiewióra,B.: Die Anerkennung der Oder-Neiße-Grenze durch Jugoslawien. (Przegl.zach., 1957, H.6, S.273-275)

Wiewióra,B.: Verschiedene Fragen der Delimitation und Demarkation der polnisch-deutschen Grenze. (Z.n.Poznań-Prawo-,1957,H.3,S.3-15)

Wiewióra,B.: Die Frage der Anerkennung der Deutschen Demokratischen Republik durch Jugoslawien. (Przegl.zach.,1957, H.6, S.275-284)

Žourek,J.: Genießt die Ehegattin eines ausländischen Diplomaten,die Angehörige eines akkreditierenden Staates ist, diplomatische Privilegien und Immunitäten? (Čas.pro mez.pr., 1958,H.1, S.1-6)

7.Staatsrecht

Gedwilas,M.A.;S.G.Nowikow: Über die Tätigkeit der Gesetzesentwurfskommissionen beim Obersten Sowjet der UdSSR. (J.K.,1958, H.1-2, S.46-55)

Gentz,J.: Zu einigen Grundsätzen der Rechtsetzung. (NJ, 1958,H.7, S.225-230)

Gudoschnikow,L.M.: Die Entwicklung des Systems der örtlichen Organe der Staatsmacht und der staatlichen Verwaltung in der Volksrepublik China. (Sov.gos.pravo, 1957,H.10, S.13-25; deutsch: RID,1958,H.4, Sp.118-130)

Jaroszynski,M.: Aus der Problematik der doppelten Unterordnung im System der Nationalräte. (P.i P.,1957,H.12, S.980-997)

Katona-Soltész, M.: Die neuen Züge unseres Staatsangehörigkeitsrechts. (Mag.Jog, 1957,H.6, S.145-149)

Lamač,L.: Die gegenwärtige politische und wirtschaftliche Lage der Demokratischen Republik Vietnam. (Nová mysl, 1958, H.2, S.159-172)

Lippold,K.: Zur Arbeit der Abgeordnetenkabinette. T.i u.2. (Dem.Aufb.,1958, H.4, S.85-87; H.5, S.111-114)

Lobanov,P.P.(Lobanow,P.P.): Sozialistische Demokratie in der Tätigkeit des Obersten Sowjets der UdSSR. (Sov.gos.pravo, 1958,H.3, S.15-31)

Lopatka,A.: Bemerkungen zur führenden Rolle der Partei in den Produktions-,Verkehrs- und Handelsbetrieben, in den landwirtschaftlichen Staatsgütern und den Maschinen-Traktorenstationen. (Z.n.Poznań-Prawo-,1957, H.3, S.75-92)

Lopatka,A.: Die Leninschen Prinzipien der führenden Rolle der Partei im sozialistischen Staat. (Z.n.Poznań-Prawo-,1957,H.5, S.3-73)

Lunz,L.A.: Die Nationalisierung der Suez-Kanal-Gesellschaft ist ein souveränes Recht Ägyptens. (Sov.gos.pravo, 1957, H.2, S.82-89; deutsch: RID,1958, H.8, Sp.247-254) 6

Mandel'štam,L.I.;V.A.Kirin (Mandjelschtam,L.I.;W.A.Kirin): Fragen der Erweiterung der Befugnisse der Unionsrepubliken in der Gesetzgebungstätigkeit des Obersten Sowjets der UdSSR.(Sov.gos.pravo,1958, H.3, S.32-42)

Morawski,W.: Zu verschiedenen Problemem der Aufsicht über die Nationalräte und deren Organe. (P.i P.,1957, H.11, S.817-829)

Polak,K.: Die neue Etappe in der Entwicklung unseres Arbeiter-und-Bauern-Staates.(Betr. Gesetz über die Vervollkommnung u.Vereinfachg des Staatsapparates). (St.R, 1958, H.3, S.225-243)

Rozmaryn,St.: Neue Institutionen des Wahlrechts zu den Nationalräten. (P.i P.,1957, H.12, S.947-979)

Schützenmeister,H.: Beschlüsse statt Ortssatzungen. (Dem.Aufb.,1958, H.3, S.65-67)

Thomas, K.: Kerala im Aufbruch. (Dt.Auss.pol., 1958, H.4, S.384-392)

Trifonov,V.(Trifonow, W.): Die Erfolge der Nationalitätenpolitik der Kommunistischen Partei Chinas. (Kommunist, 1958, H.2, S.64-75)

Vierjahn,A.: Zum Indemnitätsrecht der örtlichen Volksvertreter. (Dem.Aufb.,1958, H.3, S.67-68)

Aus der Geschichte der Volkskongreßbewegung. (Eine Dokumentation). (ddz, 1958, H.162, S.37-47)

Rechte und Aufgaben der Volkswirtschaftsräte. (Sov.Wiss.(GB),1958, H.3, S.355-362)

Zimanas,G.O.(Simanass,G.O.): Die Freundschaft der Völker der UdSSR und die Überwindung der Überreste des bürgerlichen Nationalismus. (Vopr.fil.,1958, H.1, S.27-38)

8. Gerichtsverfassung (einschließlich Staatsanwaltschaft, Justizverwaltung, Notariat u. Anwaltschaft)

Bagi, D.: Über die Volksgerichtsräte des Obersten Gerichtes. (Ungarn). (Mag. Jog, 1957, H.3, S.53-55)

Kádár, M.: Schnellgerichtsbarkeit - Richterliche Unabhängigkeit. (Mag. Jog, 1957, H.3, S.49-52) 3

Olomucki, B.: Der Kampf um die richtige Stellung der Anwaltschaft. (Palestra, 1958, H.1, S.5-11)

Plundr, O.: Die Wahlen der Richter und Volksrichter. (Pr., 1958, H.1, S.13-29)

Szilbereky, J.: Strittige Fragen der Anfechtung von Beschlüssen der Staatsverwaltung vor Gericht. (Mag. Jog, 1957, H.8, S.234-237) 9

Vušev, V. (Wuschjew, W.): Der Justitiar in der sozialistischen Organisation. (Soc. pravo, 1958, H.1, S.34-41)

9. Verwaltungsrecht und Allgemeine Aufsicht des Staatsanwalts

Arakeljan, A.: Über die Reorganisation der Leitung der sowjetischen Industrie. (Wirtsch. Wiss., 1958, H.1, S.74-84)

Assmann, W.: Zur Neuregelung der "Staatshaftung" in der Deutschen Demokratischen Republik. (St R, 1958, H.3, S.265-278)

Bărbulescu, C.; D. Joita: Die Produktionsberatung - eine wichtige und wirksame Form der Teilnahme der Massen an der Leitung der Wirtschaft der sozialistischen Betriebe. (Probl. econ., 1957, H.11, S.3-17)

Beer, J.: Staatsrechtliche und verwaltungsrechtliche Probleme der richterlichen Überprüfung von Verwaltungsakten. (J.K., 1958, H.1-2, S.25-37) 7

Beljaev, N. (Bjeljajew, N.): Die Aufsicht der Staatsanwaltschaft über die Befolgung der Gesetze in dem Betrieben. (Soc. zak. (SSSR), 1958, H.2, S.35-37)

Bohn, W.: Die Schulsituation in der Bundesrepublik. (Stadt u. Gem., 1958, H.2, S.9-11)

Chyský, J.: Das Wesen des Angestellten-Rechtsverhältnisses im Sozialismus und beim Übergang zum Sozialismus. (Pr., 1958, H.1, S.29-40)

Ežov, A. (Eshow, A.): 40 Jahre sowjetische Statistik. (Vopr. ekon., 1957, H.11, S.67-78)

Frolov, E. (Frolow, E.): Einige Fragen der Vollendung der Reorganisation der Leitung der Industrie. (Kommunist, 1958, H.2, S.49-63)

Godes, A.B.: Einige Fragen der rechtlichen Regelung des Wohnungsbaus in der UdSSR. (Sov. gos. pravo, 1958, H.3, S.67-78)

Halbritter,W.: Neue Aufgaben im Finanzwesen.(Betr. Gesetz über die Vervollkommnung und Vereinfachung des Staatsapparates). (Dem.Aufb.,1958, H.5, S.97-100)

Warum neue Handwerkergesetze? (DFW, 1958, H.7, Ausg.Staatsh., S.174-177) 10

Hannemann,H.: Die ersten Erfahrungen bei der Bildung der Wirtschaftsräte. (Dem.Aufb.,1958, H.6, S.121-123)

Heilmann,F.: Wichtige schulrechtliche Bestimmungen für Städte und Gemeinden.(Gesetzesübersicht). (Stadt u.Gem.,1958, H.2, S.39-40)

Henke,H.: Zur politischen Arbeit im innerdeutschen Reiseverkehr. (Dem.Aufb.,1958, H.7, S.158-160)

Hornburg,H.: Zur Arbeitsweise, Rolle und Bedeutung der neuen Plankommissionen bei den Räten der Kreise. (Dem.Aufb.,1958, H.5, S.102-104)

Janowicz,Z.: Die Frage der Dokumentation im Wasserrecht. (Z.n.Poznań-Prawo-,1957, H.4, S.127-178)

Jendretzky,H.: Zu einer neuen und höheren Form unserer staatlichen Arbeit.(Betr. Gesetz über die Vervollkommnung und die Vereinfachung des Staatsapparates). (Dem.Aufb.,1958,H.7, S.145-147)

Jewstafjew,G.N.: Die Neuorganisation der Wirtschaftsleitung in der UdSSR, ihre Fortschrittlichkeit und internationale Bedeutung. (Dt.Auss.pol., 1958, H.4, S.334-346)

Kacuk,M.: Die Aufsicht über die Gesetzlichkeit der Verwaltungstätigkeit der Miliz. (Soc.zak.,1958, H.1, S.28-31)

Käding,A.: Die Standortgenehmigungsverfahren. (Dem.Aufb.,1958,H.7, S.160-163)

Kleyer,H.: Die Vervollkommnung und Vereinfachung der Arbeit des Staatsapparates - der Weg zu größeren Erfolgen beim Aufbau des Sozialismus. (NJ, 1958, H.7, S.221-224)

Kollodzeiski,P.: Finanzbeiräte sind politisch notwendig.(DFW,1958, H.7, Ausg.Staatsh.,S.169-173) 10

Krusche H.: Bessere Zusammenarbeit der Gemeindeorgane mit den MTS. (Dem.Aufb.,1958, H.6, S.133-135)

Lehmann,H.: Die Hilfe der örtlichen Organe der Staatsmacht bei der sozialistischen Umgestaltung unserer Universitäten und Hochschulen. (Dem.Aufb.,1958, H.6, S.129-133)

Leoński,Z.: Der Ankläger und der Verteidiger im Verwaltungsverfahren. (Z.n.Poznań-Prawo-,1957, H.5, S.91-126)

Longchamps,F.: Über den Begriff des Verwaltungsrechtsverhältnisses in der Staatswirtschaft. (P.i P.,1958, H.1, S.10-20)

Madar,Z.: Die Verwaltung der Industrie in der UdSSR. (Pr.,1958, H.1, S.41-47)

Mader,J.: Die Perspektiven des mittelständischen Einzelhandels in Westdeutschland nach den Bundestagswahlen. (Nat.,1958, H.3,S.151-161)

Mal'cev,K.(Malzjew, K.): Einige Fragen der Reorganisation der MTS. (Kommunist, 1958,H.4, S.35-38) 16

Manz,G.: Die Verbesserung der Planung der Volkswirtschaft in der DDR. (Probl.econ.,1957, H.9, S.132-139)

Meier,H.: Handwerk und Sozialismus. (Nat.,1958, H.3, S.138-150)

Meyneaud,J.: Die vollziehende Gewalt und die Wirtschaftspolitik. (P.i P., 1957, H.12, S.1056-1067)

Mikos,J.;Z.Sobolewski: Wann ist auf Entzug des Rechts der Berufsausübung zu erkennen? (N.P.,1958, H.2, S.37-50)

Névai,L.: Einige Grundfragen des Verwaltungsverfahrens. (J.K.,1958, H.1-2, S.37-46)

Onika,D.: Der Volkswirtschaftsrat und das Problem der allseitigen Ausnutzung der Reserven des ökonomischen Rayons. (Vopr.ekon.,1957, H.11, S.40-53)

Paczuski,R.: Unterirdische Gewässer im polnischen Wasserrecht. (Z.n.Poznań-Prawo-, 1957, H.4, S.57-85)

Panev,B.(Panjew,B.): Zur Frage der Verwaltungsstrafe. (Soc.pravo, 1957, H.10, S.45-56)

Perov,G.V.: Die Planung der Volkswirtschaft der UdSSR unter den neuen Bedingungen der Leitung der Industrie und des Bauwesens. (Probl.econ.,1957,H.10, S.105-116)

Priebe,K.: Verwaltung öffentlicher Straßen in Städten und Gemeinden. (Dem.Aufb.,1958, H.4, S.91-93)

Reichelt,H.: Die Aufgaben des Staatsapparates in der neuen Etappe der Arbeit der MTS. (N.Weg, 1958,H.4, S.406-410)

Schreier,G.: Gedanken zu einer gesetzlichen Regelung der Staatshaftung. (NJ, 1958,H.6, S.195-198)

Schwanz,A.: Die politischen und fachlichen Aufgaben der Bauämter. (Dem.Aufb.,1958, H.6, S.136-137)

Ševčenko,L.;M.Baru(Schewtschenko,L.): Die Wohnungsgesetzgebung muß kodifiziert werden. (Soc.zak.(SSSR) 1958, H.1, S.15-20)

Starościak,J.: Das jugoslawische Verwaltungsverfahren. (P.i P.,1958, H.1, S.69-78)

Tadevosjan,V.(Tadjewossjan, W.): Die Aufsicht der Staatsanwaltschaft im System des Sowjetrechts. (Soc.zak.,(SSSR) 1958,H.1,S.39-43)

Titov,F.: Die Leitung der Industrie unter den neuen Bedingungen. (Kommunist, 1958,H.1, S.56-67)

Toldi,F.: Zum Inkrafttreten des Gesetzes über das Verwaltungsverfahren. (J.K.,1958, H.1-2, S.62-65)

Unger,O.;R.Mand: Den demokratischen Zentralismus bei den örtlichen Organen der Staatsmacht besser verwirklichen. (Dem.Aufb.,1958,H.7, S.151-153)

Wdowiak,C.: Wasserrechte, die sich auf spezielle Rechtstitel gründen. (Z.n.Poznań-Prawo-,1957, H.4, S.87-126)

Zimmermann,M.: Rechtsfragen des polnischen Wassergesetzes. (Z.n.Poznań-Prawo-, 1957, H.4, S.3-55)

10.Finanzrecht

Archangelskij; Krejnin(Archangjelsskij;Krjejnin): Die Fragen der Preisgestaltung und das System der Eisenbahntarife.(Vopr.ekon.,1957, H.11, S.112-120)

Becker,K.: Was ist zur Finanzierung des volkseigenen Wohnungsbaues sofort zu tun? (Dem.Aufb.,1958, H.4, S.78-80)

Becker,K.: Wie erfolgt die Nutzung der Erlöse aus den Obligationen für die Finanzierung des volkseigenen Wohnungsbaues? (Dem.Aufb., 1958, H.6, S.137-139)

Berdičevskij,N.G.(Berditschewsskij,N.G.): Über die Kodifikation der Haushalt-Gesetzgebung der UdSSR. (Sov.gos.pravo, 1958, H.2, S.102-110)

Böttcher,H.: Zur Eigenverantwortlichkeit der örtlichen Organe für ihre Haushalte. (DFW,1958, H.5, Ausg.Staatsh., S.116-120)

Böttcher,M.: Bemerkungen zur Steuerüberwälzung in Westdeutschland. (DFW,1958, H.5, Ausg.Staatsh.,S.131-133; H.6, S.166-167)

Borgmeier,A.: Preissteigerungen nur zeitweilig? (DFW, 1958,H.17, S.98-100)

Cerniansky,V.: Die Preisbasis auf dem sozialistischen Weltmarkt. (Ahdl.,1958, H.4/5, S.153-155)

Fischer,R.: Zur Aufstellung der örtlichen Haushaltpläne.(Stadt u. Gem.,1958, H.1, S.3-6)

Geißler, H.: Zur Besteuerung der Produktionsgenossenschaften des Handwerks. (DFW, 1958, H.4, Ausg.Staatsh., S.87-89)

Gittel,K.: Neue Formen der Finanzierung des volkseigenen Wohnungsbaues. (DFW, 1958, H.4, S.46-50)

Gollus,S.: Der Internationale Währungsfonds. T.1 u.2. (Ahdl.,1958, H.4/5, S.137-139; H.6, S.202-205) 6

Heinicke: Über den Inhalt des sozialistischen Kredits. (DFW,1958, H.4, Ausg.Geld u.Kred./Vers., S.98-100)

Hempel,G.: Die Haushaltspläne 1958. (Stadt u.Gem.,1958,H.3,S.14-17)

Kaemmel,E.: Die Gewinnbesteuerung als Mittel zur Stabilisierung des Kapitalismus und Stärkung der westdeutschen Großbourgeoisie. (Wirtsch.Wiss.,1958, H.1, S.121-126)

Nieke,G.: Kann die Besteuerung des konsumgenossenschaftlichen Sektors vereinfacht werden? (DFW, 1958, H.4, Ausg.Staatsh.,S.90-93)

Sakov,M.: Einige Fragen der Theorie und Praxis der Preisgestaltung in der UdSSR. (Vopr.ekon.,1957, H.12, S.105-113)

Săveanu,R.: Für eine Verbesserung des Systems der Planung und Finanzierung der Investitionsvorhaben. (Probl.econ.,1957, H.11, S.66-78)

Schröder,R.: Die Einzelhandelsverkaufspreise im System der einheitlichen Festpreise. (Hdl.,1958, H.4, S.206-209)

Šimunek, F.: Zu einigen Problemen der Investitionsbanken in der Landwirtschaft. (Nová mysl, 1958, H.3, S.225-236)

Spiller,H.: Die Änderung von Verwaltungsakten. (DFW, 1958, H.4, Ausg. Staatsh., S.108-110)

Stiegler: 10-Milliarden-Grenze rückt näher.(Betr. Verschuldung der Gemeinden der DBR). (Stadt u.Gem.,1958, H.3, S.4-6)

Voigt,W.: Betrachtungen zur Finanzierung der Kolchosen in der Sowjetunion. (DFW,1958, H.5, Ausg.Geld u.Kred./Vers.,S.139-141) 16

11.Strafrecht, Strafprozeß

Andrejew,I.: Zu verschiedenen neuen Theorien des Schutzobjekts im Strafrecht. (P.i P.,1958, H.1, S.21-39)

Bafia,J.: Die bedingte Aussetzung des Strafvollzugs in der Gerichtsstatistik. (N.P.,1958, H.3, S.34-48)

Barna, P.: Auslegungs- und Rechtsanwendungsprobleme bei konterrevolutionären Verbrechen. (Mag.Jog, 1957, H.8, S.214-217)

Barna,P.: Strafverfügungen bezüglich des Verlassens des Territoriums des Landes. (Mag.Jog, 1957, H.6, S.149-152)

Baskakow,N.; O.Ljachowitsch: Die Arbeit zur Verhütung von Verbrechen muß mehr beachtet werden. (Soc.zak.(SSSR), 1957, H.5, S.35-38; deutsch: RID, 1958, H.6, Sp.178-181)

Biebl,R.; R.Hiller: Zur Anwendung der neuen Strafarten in der Rechtsprechung. (NJ, 1958, H.7, S.235-239)

Borodin,S.: Die Abgrenzung des vorsätzlichen Totschlages von den schweren Körperverletzungen, die den Tod des Geschädigten zur Folge hatten. (Soc.zák.,1958, H.1, S.25-27)

Buchholz,E.: Verbrechen gegen die sozialistische Finanzwirtschaft der Deutschen Demokratischen Republik. (Schr.Dt.Vpol.,1958, H.19, S.17-29) 10

Buchholz,I.;E.Buchholz: Der Charakter der Sanktionen des Jugendgerichtsgesetzes. (St R, 1958, H.3, S.301-317)

Buzov,V.(Busow, W.): Die strafrechtliche Verantwortlichkeit für die Herstellung und Lieferung nicht qualitätsgerechter Produktion nach Artikel 120-121 Abs.2 und 3 des Strafgesetzbuches. (Soc.pravo,1958, H.2, S.1-15)

Chivulescu,G.: Einige Überlegungen zur Überprüfung des Strafverfahrens. (J.N.,1958, H.1, S.16-33)

Cieslak,M.: Die Geldbuße für Vermögensdelikte. (N.P.,1958, H.1, S.66-69)

Cypkin,A.L.(Zipkin, A.L.): Über die Verfügungsgewalt im sowjetischen Strafrecht. (Sov.gos.pravo, 1958, H.3, S.132-135)

Cyprian,T.: Die bisherige Kodifikation der Wirtschaftsverbrechen. (N.P.,1958, H.1, S.33-39)

Dillhöfer,G.: Das neue Strafregisterrecht. (Schöffe, 1958,H.2,S.64-66)

Erben,M.;H.Löser: Die Bedeutung des Tatbestandsmerkmals "Unternehmen" bei Spionageverbrechen und seine Anwendung. (NJ, 1958, H.6, S.202-204)

Fräbel,A.: Besonderheiten der Strafzumessung gegenüber jugendlichen Rechtsverletzern. (NJ, 1958, H.5, S.166-171)

Fróna,D.: Die strafrechtlichen Folgen des Führens eines Kraftfahrzeuges unter Alkoholgenusses während des Führens. (Mag.Jog, 1957, H.7, S.181-184)

Gerö,T.: Kausalzusammenhang im Strafrecht. (J.K.,1958, H.1-2,S.56-62)

Grun,A.: Aktuelle Fragen der Notwehr. (Soc.zák.(SSSR), 1958, H.1, S.21-24)

Haber,J.: Zwei oder drei Instanzen im Strafprozeß? (P.i P., 1957, H.11, S.801-816)

Hartmann,R.: Zum Strafrechtsergänzungsgesetz. (St R, 1958, H.2,S. 129-137) 3

Hochberg,L.: Verschiedene Bemerkungen über das neue Gesetz zur Bekämpfung der Spekulation. (P.i P.,1957, H.12, S.1079-1088)

Jendrośka, J.: Bemerkungen zum Wesen der Entscheidungen im Verwaltungsstrafverfahren. (P.i P.,1958, H.2, S.274-278) 2

Jentzsch,H.: Einige Bemerkungen zur Bekämpfung von Verbrechen in der Bauwirtschaft. (Schr.Dt.Vpol.,1958, H.19, S.62-74) 2

Ioannesjan, K.(Joannjessjan,K.): Strittige Fragen der Gerichtspraxis in Verfahren, die Verbrechen im Güterkraftverkehr betreffen. (Soc.zak.(SSSR), 1958, H.2, S.9-14)

Kalinowski,St.: Um die ordnungsgemäße Begründung der Urteile in Strafsachen. T.1. (N.P.,1958, H.3, S.3-16)

Kelemen,G.: Wann ist eine Strafe wesentlich mild oder unverhältnismäßig schwer? (Mag.Jog, 1957, H.7, S.184-187)

Keresztу,G.: Einige Bemerkungen zum Verbrechen der Impertinenz. (Mag.Jog, 1957, H.4, S.86-89)

Kermann,E.: Einige Fragen der Anwendung des Handelsschutzgesetzes nach Erlaß des StEG. (NJ, 1958, H.4, S.130-132)

Kermann, E.;O.Czerwon: Zur Abgrenzung von Vollendung und Versuch nach § 2 HSchG i.d.F.des § 39 StEG. (NJ, 1958, H.6, S.204-207)

Krutzsch,W.: Ein wichtiges Kapitel ideologischer Auseinandersetzung auf dem Gebiet der Strafrechtswissenschaft, (Betr.Strafrecht u.Klassenkampf). (NJ, 1958, H.7, S.233-235)

Lekschas,J.: Zur Anwendung der §§ 8 und 9 des Strafrechtsergänzungsgesetzes (StEG). (Schr.Dt.Vpol.,1958, H.20, S.1-16)

Lengsfeld,H.: Prügelstrafe in westdeutschen Schulen, ein trauriges Erbe aus alten Zeiten. (Nat.,1958, H.2, S.118-121)

Lernell,L.: Der Betrug zum Schaden der Verbraucher und die Plünderung gesellschaftlichen Eigentums. (N.P.,1958, H.2, S.59-71)

Maros-Safrankó,M.: Die Auslegung einzelner Elemente des gesetzlichen Tatbestandes der konterrevolutionären Verbrechen. (Mag.Jog, 1957, H.5, S.113-116)

Marzec,F.J.: Bemerkungen über das Recht des Gerichts auf Zurückverweisung der Akten an den Ankläger zur Ergänzung des Ermittlungsverfahrens. (P.i P.,1958, H.2, S.279-286)

Plawski,S.: Die Frage der Nebenstrafen und der Folgen einer Verurteilung. (N.P.,1958, H.1, S.12-24)

Renneberg,J.: Die Umgestaltung des Strafensystems durch das Strafrechtsergänzungsgesetz. (Schr.Dt.Vpol.,1958, H.19, S.1-16)

Romaškin, P.(Romaschkin,P.): Die Anwendung der Amnestie. (Soc.zak.(SSSR), 1958, H.1, S.5-14)

Romaškin,P.S.(Romaschkin, P.S.): Grundprobleme der Kodifizierung der sowjetischen Strafgesetzgebung. (Sov.gos.pravo, 1957,H.5, S.71-84; deutsch: RID, 1958, H.6, Sp.165-178)

Šamlieva,L.(Schamliewa, L.): Die Jugendkriminalität und ihre Bekämpfung. (Soc.pravo, 1956, H.6, S.56-64; deutsch: RID,1958,H.6,Sp.182-188)

Schille,A.: Die Bedeutung der Strafrechtsnormen über die Verbrechen gegen die militärische Disziplin. (NJ, 1958, H.5, S.153-156)

Šljapočnikov, A.(Schljapotschnikow,A.): Über den Kampf gegen die Kriminalität. (Sos.jus.,1957, H.3, S.38-43; deutsch: RID,1958,H.6, Sp.188-192)

Schlüter,H.J.: Nochmals: Bemerkungen zum Steuerstrafrecht.(DFW,1958, H.7, Ausg. Staatsh., S.182-183)

Šifman,M.L.(Schifman,M.L.): Die Übergabe an das Gericht im sowjetischen Strafprozeß. (Sov.gos.pravo, 1958, H.2, S.54-61)

Šiškov,K.;Z.Kantardžiev (Schischkow,K.;S.Kantardshijew): Ist der Versuch der Aneignung nach Art. 106 des Strafgesetzbuches möglich? (Soc.pravo, 1958, H.2, S.50-54)

Stiller,G.;M.Benjamin: Probleme der mehrfachen Gesetzesverletzung bei Verbrechen gegen die Deutsche Demokratische Republik. (NJ, 1958, H.6, S.189-192)

Swida,W.: Betrachtungen über die Kausalität bei Unterlassungen.(P.i P., 1957, H.11, S.837-844)

Szczucki,S.: Über die kleine - die tatsächliche und die scheinbare - Kriminalität. (N.P.,1958, H.1, S.70-73)

Tallós,E.: Der Begriff der Wiederholung bei Verbrechen gegen gesellschaftliches Eigentum. (Mag.Jog, 1957, H.4, S.81-85)

Viktorov,B.A.(Wiktorow,B.A.): Über die Kritik einiger Thesen in der Theorie des sowjetischen Strafprozesses. (Sov.gos.pravo, 1958, H.3, S.88-94)

Vulkov,I.(Wulkow, I.): Die wichtigsten Ziele bei der bevorstehenden Kodifikation der sowjetischen Strafgesetzgebung.(Soc.pravo, 1958, H.1, S.61-69)

Weber,H.: Einige Fragen des Strafbefehlsverfahrens.(NJ, 1958,H.5, S.156-159)

Weidlich,H.: Die Einleitung eines Ermittlungsverfahrens - ein bedeutungsvoller staatlicher Akt. (Schr.Dt.Vpol., 1958, H.20, S.17-42)

Wolter,W.: Das Problem des Versuchs der Begehung von Unterlassungsdelikten. (P.i P.,1957, H.12, S.1013-1032)

Wünsche,O.: Die gesetzlichen Bestimmungen für den Entzug der Fahrerlaubnis. (Schr.Dt.Vpol., 1958, H.20, S.61-74)

Wulff,L.: Die Bedeutung der Alkoholbeeinflussung für die strafrechtliche Verantwortlichkeit bei Verkehrsverbrechen, (Schr.Dt.Vpol.,1958, H.19, S.30-48)

Zmudziński,K.: Eine Lücke in den Strafvorschriften über den Schwangerschaftsschutz. (N.P.,1958, H.3, S.100-102)

12.Kriminalistik,Gerichtliche Medizin, Gerichtspsychiatrie,-psychologie

Horoszkowski,P.: Zu verschiedenen Grundsatzfragen der Kriminalistik in der Sowjetunion. (N.P.,1958, H.2, S.72-82)

Ochernal,M.R.: Über die Identifizierung von Personen mittels Röntgenaufnahmen nach dem Knochentrabecularsystem. (Schr.Dt.Vpol.,1958, H.20, S.88-96)

Rothe,K.: Wissenswertes über Schlösser, Schlüssel,Sperrhaken und Dietriche. (Schr.Dt.Vpol.,1958, H.20, S.75-87)

13.Zivilrecht

Ball; Gessert,u.a.: Zum Schutz ererbten Vermögens Minderjähriger. (Jug.Heimerz., 1958, H.2, S.65-71)

Beck,S.: Über den summarischen Besitzschutz. (Mag.Jog,1957, H.11, S.326-328)

Bergner,M.: Die Verantwortlichkeit für Güterschäden durch Funkenflug. (NJ, 1958,H.6, S.198-202)

Bernáth,Z.: Über den summarischen Besitzschutz und die Gesetzesverordnung Nr.10/1957 § 14 Abs.1. (Mag.Jog, 1957, H.7, S.196-199)

Bley, G.: Eigentumsrechtsverzicht an Grundstücken. (NJ, 1958,H.7, S.239-241)

Breyer,S.: Aus der Problematik der Erklärung über die Annahme oder Ablehnung der Erbschaft. (N.P.,1958, H.1, S.54-65)

Buch,H.: Rechtswirkungen aus staatlichen Maßnahmen der Wohnraumlenkung auf dingliche Wohnrechte. (NJ, 1958, H.4, S.128-130) 9

Chrempinski,St.: Ist das gezeugte Kind als Rechtssubjekt anzuerkennen? (N.P.,1958, H.2, S.83-89)

Fabian,J.: Die unwiderrufbare und auch beim Tod des Vollmachtgebers nicht erlöschende Vollmacht. (N.P.,1958, H.1, S.40-53)

Gyula,E.: Zur Diskussion über den neuen Entwurf des ungarischen Bürgerlichen Gesetzbuches. (J.K.,1958, H.1-2, S.1-6)

Knapp,V.: Einige Fragen der Bedeutung des Wertgesetzes für das sozialistische Zivilrecht. (Pr.,1958, H.1, S.1-13)

Linden,W.: Betrachtungen zur ökonomischen Bedeutung der Garantie und zum Kreis der Garantieobjekte. (Vertr.Syst.,1958, H.2, S.37-40)

Löwenthal,H.: Der Schutz des gesellschaftlichen, privaten und persönlichen Eigentums. (Schöffe, 1958, H.3, S.79-84) 11

Nečeckij,M.(Njetschjezkij): Die Lösung des Wohnungsmietvertrages durch den Käufer des Wohnhauses. (Soc.zak.(SSSR), 1958, H.2, S.32-34)

Rafacz,M.; Krzyzanowska: Zur Frage des Schutzes der possessorischen Grunddienstbarkeit. (N.P.,1958, H.3, S.99-100)

Rajkowski,J.: Verschiedene Fragen des Erfassungsvertrages im Sinne der Bestimmungen des neuen Entwurfs des Zivilgesetzbuches der Volksrepublik Polen. (Z.n.Poznań-Prawo-,1957, H.3, S.35-58) 9

Sajko,N.;V.Maslov (W.Masslow): Die Verwirklichung des allgemeinen Eigentumsrechts am Wohnhaus. (Soc.zak.(SSSR), 1958, H.2, S.28-31)

Svoboda,C.: Noch etwas zum Vorkaufsrecht. (Pr.,1958, H.1, S.56-59)

Swiatkowski,H.: Die rechtliche Problematik der Zusammenlegung von Grundstücken und die zivilrechtliche Praxis der Gerichte. (N.P.,1958, H.2, S.26-36)

Szer,S.: Fragen des genossenschaftlichen Eigentums. (P.i P.,1957, H.12, S.998-1012)

Tóth,M.: Einige Fragen aus dem Bereich der Schadloshaltung.(Mag.Jog, 1957, H.5, S.123-125)

Wójcik,S.: Die Präsumption der Schuld des Schuldners bei der sog. Haftung ex contractu. (N.P.,1958, H.2, S.51-58)

Zoltán,Ö.: Gedanken über die Haftung für Tiere. (Mag.Jog, 1957, H.8, S.219-224)

Zorowka,G.: Exakte Gewährleistung für Sachmängel gehört zur Verkaufskultur. (Hdl.,1958, H.3, S.155-161)

14.Urheber-und Erfinderrecht

Dommer,C.: Leipziger Messe aus der Sicht des Patentingenieurs. (EuV, 1958, H.3, S.65-67)

Jaičkov,K.K.(Jaitschkow,K.K.): Die Erfindung und ihre Merkmale nach dem Sowjetrecht. (Sov.gos.pravo, 1958, H.3, S.79-87)

Šapiro,R.B.;S.Al'tšuller (Schapiro,R.B.;S.Altschuller): Zu einigen Fragen des sowjetischen Erfinderrechts. (Sov.gos.pravo,1958, H.2, S.35-44)

15.Vertragssystem,Vertragsgerichtliches Verfahren

Baranov,I.E. (Baranow,I.J.): Fragen der Festigung der Vertragsdisziplin. (Sov.gos.pravo, 1958, H.2, S.22-34)

Eggers-Lorenz,O.: Zur Wirksamkeit materieller Sanktionen im Importgeschehen. (Vertr.Syst.,1958, H.3, S.52-55)

Florescu,D.; D.Popescu: Die Vollstreckung von Arbitrageentscheidungen. (J.N.,1958, H.1, S.34-49)

Gizatullin,N.: Die Rolle und die Stellung der staatlichen Arbitrage. (Soc.zak.(SSSR), 1958, H.1, S.46-47)

Müller,K.: Zur Stellung der staatlichen Organe bei Vertragsabschlußstreitigkeiten zwischen Betrieben, die dem Ministerium für Handel und Versorgung nachgeordnet sind. (Vertr.Syst.,1958, H.2,S.25-28)

Panzer,W.: Der Regreß infolge Verantwortlichkeit für den Kooperationspartner. (St R,1958, H.3, S.288-300)

Roman,E.: Die Ablehnung der Bezahlung bei Lieferungen mit Fehlmengen. (J.N.,1958, H.1, S.81-85)

Spitzner,O.: Fragen des Gefahrüberganges und Leistungsortes. (Beispiel aus dem Schiffsbau). (WZ Rostock,1956/57, H.2,S.193-196)

Štulc,J.: Die neue rechtliche Regelung der Bauwirtschaftsverträge. (Pr.,1958, H.1, S.52-55)

..ulc,J.: Die Neuregelung der Verantwortlichkeit für Mängel, den Schadenersatz und die Vermögenssanktionen bei den Bau- und Montagearbeiten. (Pr.,1958, H.2, S.164-177)

Such,H.: Zur Frage der Abgrenzung von Verzug und nicht qualitätsgerechter Lieferung. (Vertr.Syst.,1958, H.3, S.57-63)

Ursu,N.: Einige Kompetenzfragen auf dem Gebiet der Arbitrage. (J.N.,1958, H.1, S.62-80)

16.LPG-Recht, Bodenrecht

Dumitriu,D.: Fragen der Bildung von Genossenschaften in der Viehwirtschaft. (Probl.econ., 1957, H.8, S.85-99)

Grigor'ev,V.K.(Grigorjew,W.K.): Die Kodifikation der sowjetischen Bodengesetzgebung und einige Fragen der Theorie des Bodenrechts. (Sov.gos.pravo, 1958, H.2, S.45-53)

Jacobi,E.: Enthält das Statut einer LPG Rechtssätze? (St R,1958,H.3, S.279-287)

Zu neuen Siegen der Kollektivwirtschaftsordnung. (Kommunist, 1958, H.4, S.3-12)

Kraev,M.(Krajew, M.): Über die Grundzüge der Kollektivierung der Landwirtschaft in der UdSSR. (Vopr.ekon.,1957, H.11, S.54-66)

Zur Lage in der westdeutschen Landwirtschaft.(Ber.Dt.Wirtsch.Inst., 1958, H.4, S.7-10)

Medov,V.(Mjedow, W.): Die sozialistische Reorganisierung der Landwirtschaft in der Tschechoslowakischen Volksrepublik. (Kommunist, 1958, H.4, S.105-110)

Mückenberger,E.: Allseitige Hilfe und Unterstützung der Genossenschaftsbewegung in der Landwirtschaft. (Einh.,1958, H.3, S.342-354)

Nikolskij,A.: Der Sieg des Genossenschaftswesens in der Landwirtschaft Bulgariens. (Kommunist, 1958, H.4, S.102-105)

Omulescu, A.;D.Dumitriu: Die Merkmale der Vergesellschaftung der Landwirtschaft in der UdSSR und in den Ländern der Volksdemokratie. (Probl.econ.,1957, H.10, S.72-87)

Oridoroga,M.: Über die Höhe der Vermögensanteile der Mitglieder des Kolchoshofes. (Soc.zak.(SSSR), 1958, H.2, S.25-27)

Posmitnyj,M.;V.Posmitnyj (Possmitnij,M.;W.Possmitnij): Der Weg zur Vermehrung des Reichtums der Kollektivwirtschaften und des Reichtums des ganzen Landes. (Kommunist, 1958, H.4, S.13-16)

Radkiewicz,W.: Die Arbeitsproduktivität und die landwirtschaftliche Struktur der Deutschen Bundesrepublik. (Przegl.zach.,1957, H.6, S. 242-253)

Ruskol,A.A.: Das Kolchosrecht im System des Sowjetrechts. (Sov.gos.pravo, 1958, H.3, S.120-125)

Zétényi,J.: Zeitgemäße Rechtsprechungsfragen des Rechtes der Produktionsgenossenschaften. (Mag.Jog, 1957, H.3, S.63-67)

Zierold,R.; H.Welack: Die LPG beweisen in der DDR ihre Überlegenheit über die einzelbäuerlichen Betriebe. (N.Weg,1958, H.7, S.628-633)

17.Familienrecht

Artzt,W.: Zur Gestaltung des ehelichen Güterrechts in der DDR. (NJ, 1958, H.5, S.159-161)

Bözsörményi-Nagy,E.: Obligationen-Rechtsgemeinschaft zwischen Ehegatten. (Mag.Jog, 1957, H.5, S.125-128)

Nathan,H.: Gedanken zum sozialistischen Güterrecht. (NJ, 1958,H.4, S.120-126)

Nenova-Lalova,L.: Gütertrennung oder Gütergemeinschaft der Ehegatten? (Soc.prawo, 1957,H.10, S.57-64)

18.Zivilprozeß(einschließlich Familienrechtliches Verfahren)

Bacsó,J.: Einige Fragen des Systems der Berufung in der Zivilprozeßordnung. (Mag.Jog, 1957, H.8, S.230-234)

Broniewicz,W.;J.Rajski: Weiteres zur Frage der Verwerfung des Einspruchs gegen das Versäumnisurteil. (N.P.,1958, H.3, S.82-87)

Eberhardt,K.H.: Wirksamkeit von im Scheidungsverfahren ausgesprochenen Entscheidungen über die Ehewohnung gegenüber dem Vermieter. (NJ, 1958, H.4,S.126-128)

Krajewski,J.: Der Umfang der Berechtigungen des Revisionsgerichts im Sinne des Art.18 des Gesetzes vom 20.Juli 1950 über die Verfahrensänderung in Zivilsachen. (N.P.,1958, H.3, S.49-64)

Marciniak,Z.: Kann das anerkannte Kind die Ungültigkeitserklärung der Anerkenntnis verlangen? (P.i P.,1958, H.2, S.287-295)

Markov, Ch.: Die Rolle des Gerichts bei der Aufdeckung der objektiven Wahrheit im Zivilprozeß. (Soc.pravo, 1957, H.10, S.21-26)

Móra,M.: Kann das Gericht im Zivilprozeß in der Hauptsache nur mit einem Urteil entscheiden? (Mag.Jog, 1957, H.10, S.295-297)

Nazieblo,J.: Die Gerichts-(Partei-) und Prozessfähigkeit im Entwurf der Zivilprozessordnung der Volksrepublik Polen. (Z.n.Poznań-Prawo-, 1957,H.5, S.127-163)

Sárdi,T.: Die Beurteilung eines mangelhaften Testaments im Prozeß. (Mag.Jog, 1957, H.5, S.131-133)

Spiller,H.: Die Zwangsvollstreckung in Steuersachen.(DFW, 1958,H.7, Ausg.Staatsh.,S.184-187)

Stojanov,I.: Über die Zivilklage im Strafprozeß bei einem Freispruch nach Art.113, I.Teil des Strafgesetzbuches, der auf das Fehlen der Schuld zurückzuführen ist. (Soc.pravo, 1957, H.10, S.27-44)

Szentgyörgyi,R.: Das Kassations-Revisions-Berufungssystem im Zivilverfahren. (Mag.Jog, 1957, H.7, S.199-201)

19.Arbeitsrecht und Arbeitsrechtliches Verfahren

Bauch,G.: Die Sozialpolitik in der Deutschen Demokratischen Republik. (Nat., 1958, H.2, S.83-90)

Belov,A.S.: Die rechtliche Regelung der Arbeitsbedingungen der Werktätigen, die mehrere Maschinen bedienen oder mehrere Berufe ausüben. (Sov.gos.pravo, 1957,H.10, S.26-35; deutsch: RID, 1958,H.7, S.203-213)

Epstein,A.L.: Das neue Verfahren für die Entscheidung von Arbeitsstreitigkeiten. (Sov.gos.pravo, 1957, H.7, S.52-61; deutsch: RID,1958, H.7, Sp.193-203)

Erdös,B.: Wann schließt ein Disziplinar-Verfahren? (Mag.Jog, 1957, H.7, S.193-195)

Földvári-Tóth,E.: Die Rechtskraft und Vollstreckbarkeit eines Disziplinar-Beschlusses. (Mag.Jog, 1957,H.6, S.164-166)

Gincburg,L.J.: Theoretische Fragen der Beschäftigungsdauer. (Sov.gos.pravo, 1958, H.3, S.126-131)

Gorbanov,L.: Die materielle Verantwortlichkeit nach dem Arbeitsgesetzbuch für einen durch verbrecherische Tätigkeit verursachten Schaden. (Soc.pravo, 1958, H.2, S.28-42) 11

Jugendarbeitsschutz in Westdeutschland. (Ber.Dt.Wirtsch.Inst.,1958, H.4, S.11-14)

Kaiser, F.: Einige Bemerkungen zu den Ansprüchen des Werktätigen gegen seinen Betrieb bei einer Körperschädigung durch Betriebsunfall oder Berufskrankheit. (ArbR, 1958,H.3, S.76-79)

Kakol,K.: Die schwere Verletzung der Hauptpflichten als Grund für die fristlose Auflösung des Arbeitsvertrages durch die Schuld des Beschäftigten. (P.i P.,1958, H.1, S.40-56)

Karamán,F.: Die zweitinstanzliche Erledigung von Betriebs-Disziplinar-Sachen. (Mag.Jog, 1957, H.6, S.162-164)

Kaváts,I.: Rehabilitation im Arbeitsrecht.(Mag.Jog, 1957,H.11, S.328-331)

Krause,O.: Einige arbeitsrechtliche Probleme, die sich aus dem Strafrechtsergänzungs- und dem Strafregistergesetz ergeben.(Arb.,1958, H.4,Beil. Arbeitsrecht, S.4-7)

Leetz,I.: Zur Kinderarbeit in der Bundesrepublik. (A.u.S.,1958, H.5, S.141-142)

Madarász,T.: Die Durchsetzung des Rechtes auf Rehabilitation im Falle einer fristlosen Entlassung wegen eines Disziplinarvergehens. (Mag.Jog, 1957, H.5, S.133-137)

Mándoki,P.: Die Neuregelung der Berufung in Disziplinarsachen. (Mag.Jog, 1957, H.4,S.104-106)

Michas,J.: Die materielle Verantwortlichkeit der im gesellschaftlichen Handel beschäftigten Werktätigen.(A.u.S.,1958, H.4,S.117-119)

Michas,J.: Die BGL-Zustimmung zu einer fristgemäßen Kündigung. (A.u.S.,1958, H.5, S.152-154)

Nowakowski,R.: Zur materiellen Verantwortlichkeit. (Arb.,1958,H.4, Beil. Arbeitsrecht, S.1-4)

Otte,S.: Der Rechtsanspruch auf leistungsgerechten Lohn. (Arb.,1958, H.3, Beil.Arbeitsrecht, Nr.3/1958, S.1-5)

Paul,H.: Gibt es einen Anspruch auf Schmerzensgeld im Arbeitsrecht? (ArbR, 1958, H.3, S.72-75)

Piccolato,R.: Der Kampf der werktätigen Frauen und der Gewerkschaften Italiens für die Lohngleichheit. (WGBew.,1958, H.3,S.15-18)

Rabofsky, E.: Entwicklungszüge des österreichischen Arbeitsrechts. (ArbR, 1958, H.3,S.81-83)

Rafacz,M.; Krzyzanowska: Zur Frage der Arbeitsunfähigkeit infolge Erkrankung. (N.P.,1958, H.2, S.98-103)

Salwa,Z.: Die materielle Verantwortlichkeit der Werktätigen.(P.i P., 1957, H.4-5, S.890-898; deutsch: RID,1958, H.7, S.213-222) 13

Steinicke, E.: Die arbeitsrechtlichen Regelungen zum Schutze der Jugend. (Arb.,1958, H.3, Beil. Arbeitsrecht, H.3/1958, S.5-7)

Stündel,H.: Wie wirkte sich die Prämienvereinbarung im Handelsbetrieb aus? (Hdl.,1958, H.4, S.232-236)

Svihalek, K.: Der BKV - wichtiges Mittel zur sozialistischen Umgestaltung der Landwirtschaft. (N.Weg, 1958, H.4, S.380-382)

Usenin,V.I.(Usjenin, W.I.): Die arbeiterfeindliche Tätigkeit der Organe der österreichischen Justiz. (Sov.gos.pravo, 1958, H.2, S.90-99) 8

Vaupel,M.: Der Tarifvertrag für die im Haushalt beschäftigten Werktätigen in der Deutschen Demokratischen Republik.(ArbR, 1958, H.3, S.70-71)

Wagner,I.: Die Rechte der werktätigen Frau bei Schwangerschaft. (ArbR, 1958, H.3, S.66-69)

Witz,K.: Die Verantwortlichkeit des Arbeitgebers beim Arbeitsunfall und bei der Berufskrankheit. (Pr.,1958, H.2, S.148-163)

20.Internationales Privatrecht

Fabian,J.: Willensautonomie und aktuelle Probleme des internationalen Privatrechts. (Z.n.Poznań-Prawo-,1957,H.3, S.17-33)

Ramsaizev,D.F. (Ramsaisew,D.F.): Fragen des internationalen Privatrechts in der Praxis der Außenhandelsarbitragekommission. (Sov.gos.pravo, 1957,H.9, S.50-60; deutsch: RID, 1958,H.5,Sp.133-144)

B. B I B L I O G R A P H I E   A U S   Z E I T S C H R I F T E N   D E R   D E U T S C H E N   B U N D E S R E P U B L I K

Diese Bibliographie enthält eine Auswahl einschlägiger Artikel aus folgenden Zeitschriften: 1)

AcP	= Archiv für die Civilistische Praxis, Tübingen	1958,Bd 157,H.2
AG	= Der Arbeitgeber, Düsseldorf	1958,H.4-7
AöR	= Archiv des öffentlichen Rechts, Tübingen	1958,Bd 82,H.4
ArbuR	= Arbeit und Recht, Köln	1958,H.2-3
Arch.f.Krim.	= Archiv für Kriminologie, Lübeck	1958,Bd 121,H.1/2
AUSS.POL.	= Außenpolitik, Stuttgart	1958,H.2-3
Auss.Wirtsch.D.BB	= Außenwirtschaftsdienst des Betriebsberaters, Heidelberg	1958,H.2-3
B	= Der Betrieb, Düsseldorf	1958,H.6-13
BB	= Der Betriebsberater, Heidelberg	1958,H.5-9
Betr.Verf.	= Die Betriebs-Verfassung, Frankfurt/M...	1958,H.1
DJ	= Die Justiz, Düsseldorf	1957, H.6
DÖV	= Die Öffentliche Verwaltung, Stuttgart..	1958,H.3-10
DRiZ	= Deutsche Richterzeitung, Köln, Berlin .	1958,H.3-4
Dtsch.Z.gerichtl.Med.	= Deutsche Zeitschrift für die gesamte gerichtliche Medizin, Berlin ..	1958,Bd 46,H.5
DVBl.	= Deutsches Verwaltungsblatt, Köln,Berlin	1958,H.4-7
EA	= Europa-Archiv, Frankfurt/M.	1958,H.3-6
FamRZ	= Ehe und Familie im privaten und öffentlichen Recht, Bielefeld	1957,H.12 1958,H.1-4
GAStr	= Goltdammer's Archiv für Strafrecht, Hamburg	1958,H.3
Gew.Mon.H.	= Gewerkschaftliche Monatshefte, Köln ...	1958,H.3
GRUR	= Gewerblicher Rechtsschutz und Urheberrecht, Weinheim	1958, H.1-2
GRUR Ausl.	= Gewerblicher Rechtsschutz und Urheberrecht (Auslands- und Internationaler Teil), Weinheim	1958,H.1-2
Jb.öff.R.	= Jahrbuch des öffentlichen Rechts der Gegenwart, Tübingen	1957,Bd 6
JZ	= Juristenzeitung, Tübingen	1958,H.4-7
Krim.	= Kriminalistik, Zeitschrift für die gesamte kriminalistische Wissenschaft und Praxis, Hamburg	1958,H.3-4
Mbl.freiheitl.Wipol.	= Monatsblätter für freiheitliche Wirtschaftspolitik, Frankfurt/M.	1957,H.11 1958,H.3-4
MDR	= Monatsschrift für Deutsches Recht, Hamburg	1958,H.3-4

Mschr.Krim.	= Monatsschrift für Kriminologie und Strafrechtsreform, Berlin,Köln	1958,H.1-2
N.Gesellschaft	= Die Neue Gesellschaft, Bielefeld ...	1958,H.1-2
NJW	= Neue Juristische Wochenschrift, München	1958,H.6-15
	Politische Studien,Monatshefte der Hochschule für Politische Wissenschaften, München	1958,H.94-95
RdA	= Recht der Arbeit, München, Berlin	1957,H.12 1958,H.2-3
RdJ	= Recht der Jugend, Berlin	1958,H.4-7
RdL	= Recht der Landwirtschaft, Hamburg	1958,H.2-3
RiW	= Recht der internationalen Wirtschaft,Heidelberg. Ab 1.Jan.1958 Fortsetzung unter dem Titel: Außenwirtschaftsdienst des Betriebsberaters,Heidelberg,s.S.192	
SchlHA	= Schleswig-Holsteinische Anzeigen, Kiel.	1958,H.2-3
SCHM.JB.	= Schmollers Jahrbuch für Gesetzgebung, Verwaltung und Volkswirtschaft,Berlin .	1958,H.1
SKV	= Staats-und Kommunalverwaltung,Berlin ..	1958,H.3
Soz.Sicherh.	= Soziale Sicherheit,Zeitschrift für Sozialpolitik, Köln	1958,H.2-3
TW	= Die Teilzahlungswirtschaft, Dortmund ..	1958,H.2
	Universitas, Stuttgart	1958,H.2-3
UFITA	= Archiv für Urheber-,Film-,Funk- und Theaterrecht, Baden-Baden	1958,Bd 25,H.3-4
Verw.Arch.	= Verwaltungsarchiv, Köln	1958,H.2
Weltw.Arch.	= Weltwirtschaftliches Archiv,Zeitschrift d. Instituts f.Weltwirtschaft an der Universität Kiel, Hamburg	1958,Bd 79,H.2
WRP	= Wettbewerb in Recht und Praxis, Frankfurt/M.	1958,H.2-3
WuW	= Wirtschaft und Wettbewerb, Düsseldorf .	1958,H.2-3
Z.ausl.öff.R.u.VR.	= Zeitschrift für ausländisches öffentliches Recht und Völkerrecht, Stuttgart,Köln	1958,Bd 18,H.3
Zbl.JugR	= Zentralblatt für Jugendrecht und Jugendwohlfahrt, Köln, Berlin	1958,H.1-2
ZHK	= Zeitschrift für das gesamte Handelsrecht und Konkursrecht, Stuttgart	1958,Bd 121,H.1/2
ZMR	= Zeitschrift für Miet- und Raumrecht, Düsseldorf	1958,H.3-4
ZSR	= Zeitschrift für Sozialreform,Wiesbaden.	1958,H.2-3
ZSt	= Zeitschrift für die gesamte Staatswissenschaft, Tübingen	1958,Bd 114,H.1
Z.St.soz.	= Zeitschrift für Staatssoziologie, Darmstadt	1958,H.1

ZV u.ZV = Zeitungs-Verlag und Zeitschriften-Verlag, Wiesbaden .... 1958,H.4-7 Sondernummer

1) Die hier aufgeführten Hefte sind gemäß der Benutzungsordnung der Bibliothek des Deutschen Instituts für Rechtswissenschaft bedingt ausleihfähig.

1.Soziologie,allgemeine Staatslehre,Rechtsphilosophie [1]

Arndt,A.: Sozialistische Staatspolitik - heute.(Betr. Verhältnis SPD - Staat). (N.Gesellschaft, 1958,H.2, S.99-109)

Boettcher,E.: Soziologie und Ökonomie.(Rez.über Aron,R.),Die deutsche Soziologie der Gegenwart. Stuttgart 1953, 200 S. (Weltw.Arch., 1958, H.2,(Schriftt.) S.77-89)

Eichler,W.: Wähler-Manipulierung oder sozialistische Politik?(Betr. Bundestagswahl).(N.Gesellschaft, 1958,H.1, S.27-33)

Eichler,W.: Kein Ende doktrinärer Vorurteile. (Betr.Programm der SPD). (Polit.Studien, 1958, H.94, S.84-87)

Elmerich,E.: Volksaktien und Wiedergutmachung.(Z.St.soz.,1958, H.1, S.20-26)

Erler,F.: Gedanken zur Politik und inneren Ordnung der Sozialdemokratie. (N.Gesellschaft,1958, H.1, S.3-8

Feddersen,J.: Politik muß verkauft werden.(Betr.Bundestagswahl) (N.Gesellschaft, 1958, H.1, S.21-26)

Flesche,T.: Die kirchliche Verkündigung im politischen Raum. (N.Gesellschaft, 1958, H.1, S.54-58)

Goldschmidt,D.: Elitebildung in der industriellen Gesellschaft. (N.Gesellschaft, 1958, H.1, S.34-41)

Hartenstein,W.;K.Liepelt; G.Schubert: Die Septemberdemokratie.(Zur Soziologie der Bundestagswahl v.15.Sept.1957).(N.Gesellschaft,1958, H.1, S.9-20)

Kautsky,B.: Der Programmentwurf der Sozialistischen Partei Oesterreichs. (Bericht). (N.Gesellschaft, 1958, H.1, S.63-68)

Kofler,L.: Das Prinzip der Arbeit in der Marxschen und in der Gehlenschen Anthropologie.(SCHM.JB.,1958, H.1, S.71-86)

Kühne,K.: Gesellschaftsstruktur und geistige Situation der Sozialdemokratie. (N.Gesellschaft. 1958, H.2, S.91-98)

Lohmar,U.: Das Problem der innerparteilichen Demokratie.(N.Gesellschaft, 1958, H.2, S.110-117)

Müller,V.: Sozialnorm und soziales Weltbild. (ZSt, 1958,Bd 114,H.1, S.119-129)

1) Die nach der Fundstelle eines Artikels angegebenen Zahlen verweisen auf die Bedeutung dieses Artikels auch für andere Fachgebiete entsprechend der hier zugrunde gelegten Systematik.

Stein,B.: Nawiasky,H.,Allgemeine Staatslehre.(Rez.)(ZSt, 1958, Bd 114, H.1, S.179-185)

Thomae,H.: Die Stellung der Jugend in der modernen Gesellschaft. (Universitas,1958, H.3, S.241-250)

Tjaden,K.H.: Nationalistische Ideologien. (N.Gesellschaft, 1958,H.2, S.144-151)

Vaerting, M.T.: Die neuen staatssoziologischen Ursachen des amerikanischen Konjunkturrückganges. (Z.St.soz.,1958, H.1, S.1-7)

Vaerting, M.T.: Der Weg des Westens zum verstaatlichten Konsum. (Z.St.soz.,1958, H.1, S.7-17)

Vilfredo,P.: Allgemeine Soziologie. Tübingen 1955, 271 S. (Rez.). (ZSt, 1958,Bd 114, H.1, S.168-171)

Zodel,C.: Geht alle Staatsgewalt vom Volke aus? (Polit.Studien,1958, H.94, S.79-83) 4

2.Staats-und Rechtsgeschichte

Krannhals,H.von: Polnische Teilungen - Polnische Wiedervereinigung. (AUSS.POL.,1958, H.2, S.99-105)

Mannzen,K.: Das Strafverfahren in den Herzogtümern Schleswig und Holstein vor ihrer Vereinigung mit Preußen (1867). T.1 u.2. (SchlHA, 1958, H.2, S.25-26; H.3, S.73-75)

3.Völkerrecht und Außenpolitik

Banerji,J.K.: Außenpolitik Indiens. (AUSS.POL.,1958, H.3, S.157-167)

Carstens,K.: Die Errichtung des gemeinsamen Marktes in der Europäischen Wirtschaftsgemeinschaft, Atomgemeinschaft und Gemeinschaft für Kohle und Stahl. (Z.ausl.öff.R.u.VR.,1958, Bd 18, H.3,S.459-525)

Cornides,W.: George Kennan und die Probleme des Friedens in Europa. Materialien zur Beurteilung der Reith Lectures.(EA,1958, H.3/4, S.10503-10516)

Dennenkamp,G.: Wiedervereinigung durch Staatenbund? (DJ, 1958,H.6, S.216-220) 4

Henn,G.: Die Rahmen- und Grundsatzbestimmungen des Vertrages zur Gründung der Europäischen Wirtschaftsgemeinschaft.(BB,1958, H.8, S.277-278) 12

Herzfeld, H.: Ziele und Folgen der Friedenskonferenzen im 20.Jahrhundert. (Polit.Studien, 1958, H.94, S.110-116)

Johnson,H.G.: The European Common Market - Risk or Opportunity? (Weltw.Arch. 1958, H.2, S.267-280)

Kahmann,H.: Der Gemeinsame Markt im Kreuzfeuer der GATT-Kritik.(EA, 1958, H.5/6, S.10583-10592) 6

Kowalewski,J.: Die polnische Haltung gegenüber der Bundesrepublik Deutschland. (EA, 1958, H.5/6, S.10567-10575)

Leifer,W.: Wem gehört die Antarktis? (AUSS.POL.,1958, H.2,S.122-127)

Marnowski,B.: Zum Abbruch der diplomatischen Beziehungen zu Jugoslawien. (DJ, 1958, H.6, S.220-222)

Perspektiven. (Betr. Nahostprobleme). (Polit.Studien, 1958, H.95, S.149-154)

Schütze,G.: Das Algerienproblem in wirtschaftlicher und sozialer Sicht. (EA, 1958, H.5/6, S.10576-10582)

Senger und Etterlin,F.von: Wandel der amerikanischen Kriegsdoktrin. (AUSS.POL.,1958, H.3, S.138-146).

Stoetzer, C.: Die Organisation der amerikanischen Staaten.(AUSS.POL., 1958, H.2, S.105-115)

Tončič-Sorinj,L.: Die aktive Neutralität Österreichs. (AUSS.POL., 1958, H.3, S.146-152)

Wegner,A.: Vom wissenschaftlichen Verteidigen des Reichskonkordats. (ZSt, 1958,Bd 114, H.1, S.151-167) 4

4.Staatsrecht

Alexy, H.: Der neue Staat Ghana. (Z.ausl.öff.R.u.VR.,1958,Bd 18,H.3, S.559-577)

Arndt,C.: Zur Gültigkeit rückwirkender Gesetze. (DVBl.,1958, H.4, S.120-124)

Bachof,O.;D.Jesch:Die Rechtsprechung der Landesverfassungsgerichte in der Bundesrepublik Deutschland. (Jb.öff.R.,1958, Bd 6, S.47-108)

Bettermann,K.A.: Wahlklage und Schlußklage im Anfechtungsprozeß. (DÖV, 1958, H.7, S.165-169) 5

Buchheim, H.: Die Liquidation des Deutschen Reichstages.(Polit. Studien, 1958, H.95, S.155-160)

Bühlow,J.B.: Es führt kein anderer Weg nach Tilsit.(Betr.Wiedervereinigung Deutschlands). (Polit.Studien, 1958, H.94, S.102-107)

Donau, H.: Rückwirkende Kraft des Gleichberechtigungsgesetzes? (NJW, 1958, H.7, S.250-252)

Dübber,U.: Aufgaben und Grenzen eines Parteiengesetzes.(N.Gesellschaft, 1958, H.2, S.118-126)

Dürig,G.: Zum "Lüth-Urteil" des Bundesverfassungsgerichts vom 15.1. 1958. (DÖV, 1958, H.8/9, S.194-197)

Ermacora, F.: Die Entwicklung des österreichischen Verfassungsrechtes seit dem Jahre 1951.(Mit Texten). (Jb.öff.R.,1958,Bd 6,S.319-390)

Flor,G.: Staatsnotstand und rechtliche Bindung. (DVBl.,1958, H.5, S.149-152)

Gillner, K.: Gutachten und namentliche Bekanntgabe der abweichenden Meinung (dissenting opinion). (DÖV, 1958, H.4/5, S.106-108)

Glatz, C.H.;D.Haas: Die Verfassung der Freien und Hansestadt Hamburg. (Mit Text). (Jb.öff.R.,1958, Bd 6, S.223-250)

Grundmann,W.: Zum Verhältnis von § 91 a zu § 24 BVerfGG.(Verfassungsbeschwerde). (DÖV, 1958,H.7, S.170-172)

Gschnitzer,F.: Gibt es noch Grenzen? (Betr.Staatsgrenzen).(AUSS.POL., 1958, H.2, S.70-77)

Gutzschebauch: Das Schicksal der ehemaligen Reichsliegenschaften in der Auseinandersetzung zwischen Bund und Ländern.(Betr.Art.134 GG). (NJW, 1958, H.9, S.321-324)

Henrichs,W.: Parteibegriff und Parteienregistrierung.(Zum Gutachten der Parteienrechtskommission).(DVBl.,1958, H.7, S.227-233)

Hoppe,A.: Algerien heute. (AUSS.POL.,1958, H.3, S.180-190)

Hüttl,A.: Sind die gemeindlichen Versorgungsbetriebe den "wirtschaftlichen Unternehmen" in § 67 DGO zuzuordnen? (DÖV, 1958, H.8/9, S.198-201)

Jansson,J.M.: Die Verfassungsentwicklung in Finnland seit dem Jahre 1939. (Jb.öff.R.,1958, Bd 6, S.285-318)

Kaiser,J.: Die Erfüllung der völkerrechtlichen Verträge des Bundes durch die Länder.(Zum Konkordatsurteil). (Z.ausl.öff.R.u.VR.,1958, Bd 18, H.3, S.526-558) 2

Klüber,H.: Verstößt die Briefwahl gegen das Grundgesetz? (DÖV,1958, H.10, S.249-251)

Knobelsdorff, H.: Der Verfassungsgerichtshof von Nordrhein-Westfalen. (DÖV,1958, H.7, S.175-177)

Köhler, K.H.von: Fragen des Eigentums im Verwaltungsrecht.(DVBl., 1958, H.6, S.191-197)

Krauss,G.: Zur Problematik des grundgesetzlichen Gleichheitssatzes. (FamRZ, 1958, H.4, S.120-122)

Küchenhoff,E.: Ausdrückliches, stillschweigendes und ungeschriebenes Recht in der bundesstaatlichen Kompetenzverteilung. (Betr.USA). (AöR, 1958, Bd 82, H.4,S.413-479)

Leibholz,G.: Der Status des Bundesverfassungsgerichts.(Jb.öff.R., 1958, Bd 6, S.109-221)

Löffler: Das Grundrecht der freien Meinungsäußerung "Grundlage jeder Freiheit überhaupt". (ZV u.ZV, 1958, H.5, S.125-127) 10

Mannzen,K.: Die Landessatzung für Schleswig-Holstein. (Mit Text). (Jb.öff.R.,1958, Bd 6, S.251-283)

McWhinney,E.: Verfassungsrechtsprechung in Kanada. (Jb.öff.R.,1958, Bd 6, S.35-46)

Merkl.A.J.;H.P.Ibsen: Österreichs Rechtslage 1938-1945 und ihre Behandlung in der österreichischen Rechtswissenschaft. (AöR, 1958, Bd 82, H.4, S.480-492)

Osterloh,E.: Die Länder und die Deutsche Einheit. (AUSS.POL.,1958, H.2, S.78-88)

Reinfried, H.: Die Bundeswehrverwaltung, ein neuer Zweig der öffentlichen Verwaltung. (DÖV, 1958,H.6, S.142-146) 5

Rieger,W.: Manöver der Bundeswehr und der ausländischen Streitkräfte. (DÖV, 1958, H.6, S.148-150) 5

Rinck,H.J.: Der Grundsatz der Wahlrechtsgleichheit und das Bonner Grundgesetz. (DVBl.,1958, H.7, S.221-227)

Rinck,H.J.: Der Grundsatz der unmittelbaren Wahl im Parteienstaat. (JZ,1958, H.7, S.193-198)

Sciascia,G.: Die Rechtsprechung des Verfassungsgerichtshofs der Italienischen Republik.(Mit Quellen).(Jb.öff.R.,Bd 6, S.1-33)

Stich,R.: Rechtsprobleme des Naturschutzes und der Landschaftspflege. (DÖV, 1958, H.6, S.137-142) 5

Thomä,V.;B.Wolter: Zweckentfremdung und Enteignung.(MDR, 1958,H.4, S, 203-205) 10

Wolff,B.: Eine Frage zu dem Lüth-Urteil des Bundesverfassungsgerichts. (JZ,1958, H.7, S.202-203)

Zippelius,R.: Verordnungen der Landesregierungen auf Grund bundesgesetzlicher Ermächtigung. (NJW, 1958, H.12, S.445-448)

5.Verwaltungsrecht und Verwaltungsgerichtsverfahren

Angres,D.: Die Rechtsnatur der Zustimmung nach § 9 Abs.2 des Bundesfernstraßengesetzes. (DÖV,1958, H.3, S.75-77)

Arendt,W.: Die Verwaltungsgerichtsbarkeit in den USA.(DÖV,1958,H.3, S.67-72)

Becker: Das "wandernde" Familienbuch. (Zbl.JugR, 1958, H.1, S.5-7)

Becker, H.J.: Neues Polizeirecht im Werden. (DRiZ, 1958,H.4,S.109-112)

Benner,J.: Haftungsprobleme im Atomenergierecht. (ArbuR,1958, H.2, S.39-46)

Berkenhoff: Die Angleichung der Sparkassenverfassung an die Gemeindeverfassung in Nordrhein-Westfalen. (DVBl.,1958, H.5, S.154-157)

Böhm,A.: Fragen des Anbaus an Bundesfernstraßen.(DÖV, 1958,H.3, S.72-75)

Bungert, K.: Rechtliche Grundlagen für die Sozialwahlen.(Soz.Sicherh., 1958, H.2, S.36-38) 17

Cremerius, P.: Das Parken von Kraftfahrzeugen auf öffentlichen Straßen und Plätzen - in jüngster Rechtsprechung. (DÖV, 1958, H.4/5, S.109-111)

Ehlers, E.B.: Prozessuale Fragen in Lastenausgleichssachen.(NJW, 1958, H.14/15, S.527-530)

Falla, F.G.: Das neue spanische Gesetz über die Verwaltungsgerichtsbarkeit.(Verw.Arch, 1958, Bd 49, H.2, S.158-177)

Die Zukunft des Deutschen Fernsehens. (ZV u.ZV, 1958, H.7, S.193-198) 4

Gees, S.: Allgemeines Kriegsfolgengesetz.(DRiZ, 1958, H.3, S.71-74)

Gees, S.: Realisierbare Ansprüche nach dem Allgemeinen Kriegsfolgengesetz. (B, 1958, H.9, S.245-249)

Gelzer: Die Klage des Nachbarn wegen störender Bauvorhaben im öffentlichen Recht. (NJW, 1958, H.9, S.325-327)

Goldmann, G.: Die Rechtsstellung der Mittelstädte im Kreis unter besonderer Berücksichtigung des Niedersächsichen Gemeindeverfassungsrechts. (DVBl., 1958, H.5, S.152-154)

Hartwig: Zur Wahlordnung für die Sozialversicherung.(ZSR, 1958, H.2, Beil., S.9-20) 17

Haueisen: Zur rechtlichen Qualifizierung des Rentenbescheids. (NJW, 1958, H.12, S.441-444) 17

Haußleiter, O.: Verwaltungssoziologisches Denken in Deutschland. (DÖV, 1958, H.3, S.65-67) 1

Hoffmann, W.: Die Entwicklung des öffentlichen Rechts in Hessen im zweiten Halbjahr 1957. (DVBl., 1958, H.7, S.236-240)

Jähnig, W.: Die Gemeindeverwaltung in den USA. (DÖV, 1958, H.4/5, S.89-94)

Janke, R.: Analytische Arbeitsbewertung im öffentlichen Dienst. (DÖV, 1958, H.4/5, S.102-105) 16

Jerrentrup, W.: Denkmalschutz als gesetzliche Aufgabe.(DÖV, 1958, H.4/5, S.98-102)

Zum Thema "Neues und lebendiges Jugendamt". (Zbl.JugR, 1958, H.1, S.12-15)

Kern E.: Gegenwartsfragen des europäischen öffentlichen Dienstes. (DVBl., 1958, H.6, S.185-191)

Klein, F.: Beitreibung eines nach § 202 AO rechtskräftig festgesetzten Erzwingungsgeldes nach Befolgung der Anordnung? (JZ, 1958, H.5/6, S.153-156)

Köhler, E.: Die Folgemaßnahmen bei Landbeschaffungen für Verteidigungszwecke und ihre Finanzierung. (DÖV,1958, H.6,S.146-148) 10

Kreutzer, R.: Der Begriff des Geistlichen im Wehrpflichtgesetz. (DÖV,1958, H.6, S.150-152)

Leiß: Zur Vertretung der Vertretungsbehörden. (NJW, 1958, H.9, S.330-332)

Luhmann, N.: Der Funktionsbegriff in der Verwaltungswissenschaft. (Verw.Arch, 1958, Bd 49, H.2, S.97-105)

Mehlem: Verträge zwischen Energieversorgungsunternehmen und kreisangehörigen Gemeinden. (DVBl.,1958, H.5, S.157-160)

Menger,C.F.: Höchstrichterliche Rechtsprechung zum Verwaltungsrecht. (Verw.Arch, 1958, Bd 49, H.2, S.178-188)

Mielke,M.: Um die giftfreie Nahrung.(Betr.Lebensmittelgesetz). (Mbl.freiheitl.Wipol.,1958, H.4, S.209-212)

Müller-Tochtermann: Die Behandlung der Klagerücknahme im Verwaltungsprozeß. (DVBl.,1958, H.5, S.161-162)

Naumann, R.: Umgehungen des Postzwanges? (BB,1958, H.8, S.288-292)

Ohling, H.: Gemeinsamer Markt und Verkehr. (BB,1958, H.8,S.278-280) 3

Palm: Der Bankrott einer Novelle.(Betr.Jugendwohlfahrtsamt). (Zbl.JugR, 1958, H.1, S.1-4) 17

Pérez,J.G.: Die Verwaltungsgerichtsbarkeit in Spanien.(AöR,1958, Bd 82, H.4, S.382-412)

Rehmert, F.: Zur Frage der "anderen Streitigkeit des öffentlichen Rechts". (DÖV,1958, H.10, S.251-254)

Reuß,H.: Zum verwaltungsgerichtlichen Revisionszulassungs- und Revisionsverfahren. (DVBl.,1958, H.7, S.233-236)

Rundfunk und Fernsehen - Die Bundestagsdebatte über Grundsätze einer Neuordnung. (ZV u.ZV, 1958,H.6, S.157-162)

Rupp,H.H.: Die Beseitigungs- und Unterlassungsklage gegen Träger hoheitlicher Gewalt. (DVBl.,1958, H.4, S.113-120)

Rutkowsky,H.: Zur Neuordnung des Wasserrechts. (SKV, 1958, H.3, S.53-57)

Schäfer,H.: Die bundeseigene Verwaltung. (DÖV, 1958,H.10,S.241-248)

Stern,K.: Zur Grundlegung einer Lehre des öffentlich-rechtlichen Vertrages. (Verw.Arch, 1958, Bd 49, H.2, S.106-157)

Stettnèr,H.: Zur Rechtslage beim "Trampen". (RdJ, 1958,H.6, S.85-88) 7,10

Torz,R.: Die privatwirtschaftliche Betätigung der öffentlichen Hand und das Grundgesetz. (DÖV,1958, H.8/9, S.205-211)

Willmann, M.von: Die Behandlung der Reichstitel im Allgemeinen Kriegsfolgengesetz. (B, 1958, H.9, S.243-245)

Zeiß, F.: Die Versorgungs- und Verkehrsbetriebe als wirtschaftliche Unternehmen der Gemeinden nach den Deutschen Gemeindeordnungen. (DÖV,1958, H.8/9, S.201-205)

6.Finanz-,Steuer-u.Preisrecht (einschließlich Finanzgerichtsverfahren)

Anselme-Rabinovitsh,L.;E.Langen: Die Rechtslage der Devisenausländer in Frankreich. (Auss.Wirtsch.D.BB, 1958, H.3, S.47-49)

Brengel,F.W.: Betriebstätten bundesdeutscher Unternehmen im Saarland. (Betr.Geltungsbereich der Steuergesetze). (BB, 1958, H.9, S.335-337) 4

Dempewolf,G.: Bedingte Verpfändung steuerbegünstigter Sparguthaben. (NJW, 1958, H.11, S.412-414) 10

Eberstein: Zins- und Schadensersatzansprüche wegen Transferrückständen im gebundenen Zahlungsverkehr.(Auss.Wirtsch.D.BB, 1958,H.2, S.22-28)

Felix,G.: Die steuerliche Behandlung von betrieblichen Pensionsverpflichtungen. (RdA, 1958, H.3, S.89-95)

Gantenberg: Aus der Rechtsprechung des Bundesfinanzhofs. (DRiZ,1958, H.4, S.107-108)

Harder,H.: Neuer Schullastenausgleich in Schleswig-Holstein.(DÖV,1958, H.4/5, S.94-97)

Hartz: Die neue Rechtsprechung zur Ehegattenbesteuerung. (B,1958, H.10, S.261-264)

Steuervorlagen, Haushaltslage und überschätzter Wohlstand.(AG,1958, H.5, S.121-124)

Heineken, C.: Steuererstattung im Zusammenhang mit der Änderung der Ehegattenbesteuerung. (BB, 1958, H.6, S.228-230)

Koselack, H.: Kreise, Gemeinden und Finanzämter in ihren steuerlichen Beziehungen zueinander. (SKV, 1958, H.3, S.51-53)

Lantau,K.H.: Zur Neugestaltung der Ehegattenbesteuerung und des Einkommensteuertarifs. (BB,1958, H.9, S.313-317)

Liefmann-Keil, E.: Zum Sparen der Arbeitnehmer. (T.1.2u3).(AG,1958, H.5,S.142-145; H.6, S.182-185; H.7, S.224-226)

Mönter,W.;H.Längsfeld: Die Zweite Verordnung zur Änderung der Einkommensteuer-Durchführungsverordnung. (B, 1958, H.7, S.172-178)

Naumann,R.: Der Entwurf der Finanzgerichtsordnung.(DÖV, 1958,H.8/9, S.189-192)

Ostendorf, B.: Abkürzung der Vermögensabgabe-Laufzeit.(B, 1958,H.11, S.289-292)

Oswald: Betriebliche oder berufliche Tätigkeit der Ehefrau - steuerliche Fernwirkung, namentlich auf § 33 EStG. (FamRZ,1958,H.2,S.47-49)

Renger,W.: Über die Besteuerung des unfallbedingten Gewinnentganges in Haftpflichtfällen. (B,1958, H.13, S.349-351)

Schmidt, K.: Die Besteuerung von Kartellen und Wirtschaftsverbänden. (WuW, 1958, H.3, S.144-151)

Spital-Frenking, E.: Zum Problem der Freianteile als Kapitalertrag. (B, 1958, H.7, S.169-171)

Die Steueränderungsgesetze 1958. (B,1958, H.8, S.204-208)

Theis,J.: Sind Arbeitsverhältnisse zwischen Ehegatten steuerlich grundsätzlich nicht anzuerkennen? (B,1958, H.12, S.316-317)

Vogel, H.: Anrechnung und Abzug ausländischer Steuern.(Auss.Wirtsch. D.BB, 1958, H.3, S.42-47)

Weber, H.: Behandlung von Grundpfandrechten Angehöriger der Vereinten Nationen.(Betr. Umstellung). (NJW, 1958, H.8, S.285-287)

7.Strafrecht,Strafprozeß

Bamberger, H.: Gibt es einen Typ des jugendlichen Verkehrssünders? (RdJ, 1958, H.7, S.104-105)

Barth: Verwerfung der Berufung nach § 329 StPO. (NJW, 1958, H.10, S.373-374)

Becker,W.: Straf- und Erziehungsregister für Jugendliche und Heranwachsende. (RdJ, 1958, H.7, S.97-100)

Blau, G.: Der VII. internationale Strafrechtskongreß in Athen(26.9.-2.10.1957). (GAStr, 1958, H.3, S.77-86)

Bresser, P.: Der Psychologe und § 51 StGB.(NJW, 1958, H.7, S.248-250)

Bruns,H.J.: Zur neuesten Rechtsprechung über die Strafbarkeit der Volltrunkenheit. (JZ, 1958, H.4, S.105-111)

Carspecken: Die Strafe im Erziehungsheim und ihre Rechtsgrundlagen. (Zbl.JugR, 1958, H.2, S.38-44)

Dallinger,W.: Aus der Rechtsprechung des Bundesgerichtshofes in Strafsachen. (MDR, 1958, H.3, S.139-142)

Dieckhoff, A.: Kurzer Rechtsvergleich zum strafrechtlichen Schutzalter für Kinder und Jugendliche. (Krim.,1958, H.3, S.114-116)

Dörinkel, W.: Die Behandlung anhängiger Strafverfahren und die Verjährung von Kartelldelikten nach dem GWB. (WuW,1958,H.3,S.141-144)

12

Fukuda, T.: Das Problem des Irrtums über Rechtfertigungsgründe. (JZ, 1958, H.5/6, S.143-148)

Göppinger, H.: Die Entbindung von der Schweigepflicht und die Herausgabe oder Beschlagnahme von Krankenblättern. (NJW, 1958, H.7, S.241-245)

Händel, K.: Die "Verkehrsünderkartei". (RdJ, 1958, H.7,S.100-103)

Huber,F.: Die §§ 90a und 128 StGB widersprechen dem Grundgesetz. (DJ, 1958, H.6, S.230-233)

Janetzke, G.: Die Beweiserhebung über die Glaubwürdigkeit des Zeugen im Strafprozeß. (NJW, 1958, H.14/15, S.534-536)

Kohlhaas: Strafrechtliche Schweigepflicht und prozessuales Schweigerecht.(GAStr, 1958, H.3, S.65-76)

Lampe,E.J.: Genügt für den Entschluß des Täters in § 43 StGB sein bedingter Vorsatz? (NJW, 1958, H.9, S.332-333)

Müller, W.: Jugendliche Schwarzfahrer und Fahrkartenschwindler. (RdJ, 1958, H.7, S.106-108)

Nass,G.: Der Betrüger.(Beitrag zu einer psychologischen Strukturlehre der Täterpersönlichkeit). (Mschr.Krim. 1958, H.1/2, S.14-33)

Pfannenschwarz, K.: Die Entstehung des Abschnitts "Staatsgefährdung" im 1.Strafrechtsänderungsgesetz vom 30.August 1951.(DJ, 1958,H.6, S.222-230)

Pohlmann: Unzulängliche Belehrung des Angeschuldigten über sein Antragsrecht auf Verteidigerbestellung. (NJW, 1958, H.10, S.372-373)

Riedel,H.: Zur Reform des Jugendgerichtsgesetzes. (Zbl.JugR,1958,H.2, S.25-37)

Schmidt, H.W.: StGB § 29 VI im Verwaltungs-Steuer-Strafverfahren. (MDR, 1958, H.3, S.135-137)

Schultz, G.: Blick in die Zeit. (Betr.Todesstrafe). (MDR,1958, H.4, S.205-207)

Zur Kritik am 1.Strafrechtsänderungsgesetz. (DJ, 1958, H.6, S.251-253)

Stree,W.: Strafantrag und Gleichheitssatz (unter besonderer Berücksichtigung des Strafantragsrechts der Behörden). (DÖV, 1958, H.7, S.172-175) 4

Trapp,E.: Kann die Einstellung nach § 153 Abs.1 StPO von der Zahlung einer Geldbuße abhängig gemacht werden? (NJW, 1958, H.8, S.292-293)

Wagner: Die Rechtsprechung des Bundesgerichtshofs in Staatsschutzsachen im Jahre 1957. (DRiZ, 1958, H.3, S.67-70)

Wimmer,A.: Das Zufallsproblem beim fahrlässigen Verletzungsdelikt. (NJW, 1958, H.14/15, S.521-524)

8. Kriminalistik, Gerichtliche Medizin, Gerichtspsychiatrie, -psychologie

Doepfmer, R.: Über die Betrugsmanöver und ihre Erkennung bei der forensischen Begutachtung der Zeugungsfähigkeit. (Dtsch.Z.gerichtl.Med., 1958, Bd 46, H.5, S.712-726)

Dotzauer, G.: Idiomuskulärer Wulst und postmortale Blutung bei plötzlichen Todesfällen. (Dtsch.Z.gerichtl.Med., 1958, Bd 46, H.5, S.761-771)

Eschenbach, E.: Die Kunst des Protokollierens. (Krim., 1958, H.3, S.86-89)

Frei-Sulzer, M.: Die Beschaffung des Vergleichsmaterials für kriminaltechnische Gutachten. (Krim., 1958, H.3, S.98-101)

Grüner, O.: Der Einfluß von Körperwasser- und Blutverschiebungen auf den Verlauf der Blutalkoholkurve. (Dtsch.Z.gerichtl.Med., 1958, Bd 46, H.5, S.744-760)

Hilton, O.: Über den Einfluß schwerer Erkrankungen auf das Aussehen der Handschrift. (Krim., 1958, H.4, S.129-133)

Huelke, H.H.; J.Baum: Galvanoplastische Vervielfältigung von Werkzeugspuren. (Krim., 1958, H.4, S.142-149)

Kaess, M.: Ein Fall von Eigentumsdelikt als sexuelle Symbolhandlung und seine strafrechtliche Bedeutung. (Mschr.Krim. 1958, H.1/2, S.46-50) 7

Kiehne, K.: Beitrag zur Kriminologie der Prostitution. (Krim., 1958, H.4, S.133-136)

Kobabe, A.: Sicherung latenter daktyloskopischer Spuren auf Weißblech. (Arch.f.Krim., 1958, Bd 121, H.1/2, S.51-53)

Robljek-Priveršek, T.: Die Differenz zwischen tatsächlicher und nach Widmark theoretisch errechneter Blutalkoholkurve. (Dtsch.Z.gerichtl. Med., 1958, Bd 46, H.5, S.740-743)

Schulz, K.: Zusammenarbeit zwischen Ermittlungsbeamten und Kriminaltechniker. (Krim., 1958, H.3, S.81-83)

Schweitzer, H.: Alkoholdiffusion in der Leiche. (Dtsch.Z.gerichtl. Med., 1958, Bd 46, H.5, S.735-739)

Stedry, W.: Die Spurensuche, ein Stiefkind der Kriminalpolizei. (Krim., 1958, H.3, S.84-86)

Steinwender, E.: Angriffe gegen die Beweiskraft der Daktyloskopie. (Krim., 1958, H.3, S.111-114)

9. Gerichtsverfassung (einschließlich Justizverwaltung, Staatsanwaltschaft, Notariat und Anwaltschaft)

Bachof, O.: Die Verweisung von Rechtsweg zu Rechtsweg. (DÖV, 1958, H.8/9, S.192-194)

Einheit als Selbstzweck? (Eine Betrachtung über Zulässigkeit und Zweckmäßigkeit einer Zusammenfassung der Gerichtszweige). (ArbuR, 1958, H.2, S.33-39) 16

Heins, V.: Der neue Entwurf zur Bundesrechtsanwaltsordnung. (NJW, 1958, H.6, S.201-204)

Hinrichsen: Das Seeamt. (DRiZ, 1958, H.3, S.76-78)

Mikazuki, A.: Das japanische Familiengericht. (FamRZ, 1958, H.2, S.53-57) 14

Westdeutschlands Nazirichter. (DJ, 1958, H.6, S.253-254)

Oellrich: Contempt of Court. Eine Stellungnahme des Strafrechtsausschusses des Deutschen Richterbundes. (DRiZ, 1958, H.3, S.74-76) 7

Ostler, F.: Richter und Rechtsanwalt. Betrachtungen, Wünsche und Forderungen im Interesse der Rechtspflege. (DRiZ, 1958, H.3, S.64-67)

Der neue Entwurf des Richtergesetzes. (DRiZ, 1958, H.3, S.81-83)

Der Deutsche Richterbund zum neuen Entwurf eines Richtergesetzes. (DRiZ, 1958, H.4, S.101-105)

Der Bundesrat zum Entwurf des Richtergesetzes. (DRiZ, 1958, H.4, S. 105-107)

Rohwer-Kahlmann, H.: Einheitsjustiz oder gegliederte Gerichtsbarkeit. (ZSR, 1958, H.3, S.155-158)

Schmidt-Räntsch: Die neue Regierungsvorlage zum Richtergesetz. (DRiZ, 1958, H.3, S.61-63)

Schnitzerling, M.: Die Rechtsstellung der Jugendschöffen. (RdJ, 1958, H.4, S.52-53)

Weinkauff: Die große Justizreform. (DRiZ, 1958, H.4, S.93-94)

10.Zivilrecht

Bachmann, H.: Vermögensstreuung durch Tarifvertrag. (RdA, 1957, H.12, S.451-457) 16

Boehmer, G.: Zur Auslegung des § 1371 Abs.1-3 n.F. BGB. (NJW, 1958, H.14/15, S.524-527)

Bufe, P.: § 817 Satz 2 BGB. (AcP, 1958, Bd 157, H.2, S.215-258)

Deubner, K.G.: Bemerkungen zur analogen Anwendung des § 281 BGB auf den Eigentumsherausgabeanspruch. (MDR, 1958, H.4, S.197-199)

Esser, J.: Fortschritte und Grenzen der Theorie von der Geschäftsgrundlage bei Larenz. (JZ, 1958, H.4, S.113-116)

Glaser: Neuzeitliche Haushaltswaschmaschinen in der Mietwohnung. (ZMR, 1958, H.4, S.109-110)

Grüner Bericht und Grüner Plan 1958. (AG, 1958, H.5, S.124-126)

Klauß, H.: Der Mietkaufvertrag, ein Blick über die Grenze.(TW,1958, H.2, S.52-54)

Kleinsimon: Gefahren des Wohnungseigentums. (B, 1958, H.6, S.156-158)

Lewald, W.: Konfiskation von Mitgliedschaftsrechten und Spaltungstheorie. (NJW, 1958, H.8, S.281-284)

Loesch, A.von: Volkswagen oder "Volks"-Aktien? (Gew.Mon.H.,1958,H.3, S.129-136)

Menge, R.: Der Kundenkredit im Radio- und Fernseheinzelhandel.(TW, 1958, H.2, S.41-45)

Menne,H.: Zur Frage der Sittenwidrigkeit der Akzeptvermittlung. (BB, 1958, H.9, S.326-328)

Möllers, E.: Probleme zum Kundenfinanzierungsvertrag.(NJW, 1958,H.6, S.207-209) 6

Odersky: Können religiöse Bedenken des gesetzlichen Vertreters seine Verweigerung der Einwilligung zur Eheschließung eines Minderjährigen rechtfertigen? (MDR, 1958, H.3, S.132-134)

Pennig: Probleme im Landbeschaffungsgesetz. (NJW, 1958, H.12, S.448-451) 4

Rassow, W.: Nichtige Teilzahlungsverträge mit offensichtlich zahlungsunfähigen Käufern. (B, 1958, H.13, S.359-361)

Rheinfels: Volksaktien und Volksaktienvereine - juristisch gesehen. (RdA, 1958, H.2, S.42-45)

Richert,E.: Der eingetragene Verein als Gesellschafter der GmbH. (SchlHA, 1958, H.2, S.27-29)

Schmidt,R.: Praktisch wichtige Auswirkungen der neuen Schuldtheorie im Zivilrecht. (NJW, 1958, H.13, S.488-490)

Schulte: Formlose bäuerliche Übergabe- und Erbverträge.(NJW, 1958, H.10, S.361-364)

Schwarze: Gewährleistungsansprüche bei verborgenen Mängeln.(MDR,1958, H.4, S.195-197)

Stahl,H.: Gattungskauf und Klausel "nach Besicht".(B, 1958,H.6,S.155-156)

Stoll,H.: Zum Rechtfertigungsgrund des verkehrsrichtigen Verhaltens. (JZ, 1958, H.5/6, S.137-143)

Zunft: Auftrag bei Abtretung einer Forderung erfüllungshalber und bei § 25 Abs.1 Satz 2 HGB.(NJW, 1958, H.6, S.204-207) 12

11.Urheber-und Erfinderrecht

Ballin, H.E.D.: Meyer,A. Die Regelung des Übersetzungsrechts in nationalen Gesetzen und in internationalen Staatsverträgen.Zürich 1957, 176 S. (Rez.). (UFITA, 1958, Bd 25, H.3/4, S.250-253)

Cueni, F.: Patentfähige chemische Analogieverfahren.(GRUR,Ausl., 1958, H.2, S.64-69)

Danner,H.: Beitrag zur Debatte über eine Reform des erstinstanzlichen Prüfungsverfahrens in Patentsachen vor dem Deutschen Patentamt. (GRUR, 1958, H.1, S.8-12)

Deutsch,V.: Können Titel in die Warenzeichenrolle eingetragen werden? (GRUR, 1958, H.2, S.66-67)

Gamm, O.F.Frhr.von: Photographieschutz und Schutzumfang.(NJW,1958, H.10, S.371-372)

Gieseke,L.: Zur Bereicherungshaftung bei Urheberrechtsver-letzungen. (GRUR, 1958, H.1, S.17-21)

Haeger,S.: Der Film als Gesamtwerk. Ein Beitrag zur Reform des Urheberrechts (T.1). (UFITA, 1958, Bd 25, H.3/4, S.166-213)

Hubbach, H.: Schutzfähigkeit von Buchstabenzeichen.(GRUR, 1958,H.1, S.12-14)

Luzzatto, A.: Die Beschränkungen der Rechte des Patentinhabers aus Gründen des öffentlichen Interesses in Italien. (GRUR,Ausl.,1958, H.2, S.55-64)

Mediger, H.: Die Abgrenzung des jüngeren gegen das ältere Recht. (GRUR, 1958, H.2, S.49-56)

Neumeyer, F.: Zwangslizenz für Patente.(GRUR Ausl.,1958, H.1,S.1-16)

Nicolini, K.: Der Modeschutz im Urheber-,Geschmacksmuster-und Kunstschutzrecht. (NJW,1958, H.10,S.368-370)

Pfennig, B.: Kartellrechtliche Fragen im urheberrechtlichen Geschäftsverkehr. (UFITA, 1958, Bd 25, H.3/4, S.129-151) 12

Redies, F.: Probleme des Schutzes chemischer Erfindungen.(GRUR,1958, H.2, S.56-64)

Schade, H.: Inwieweit kann das Patentamt im Erteilungsverfahren den Schutzumfang eines Patents bestimmen? (GRUR, 1958, H.1, S.1-8)

Schneider, G.: Urheberrechtsschutz ausländischer Staatsangehöriger in der Bundesrepublik Deutschland. (GRUR Ausl.,1958, H.2, S.70-73)

Weidlich, R.: Das Ausstattungsrecht des Importeurs.(GRUR, 1958,H.1, S.15-17)

Weiß, H.R.: Arbeitnehmererfindung und Schutzrechtsanmeldung im Ausland.(GRUR, 1958, H.2, S.64-65)

Wilde, W.: Wirtschaftswerbung durch Einblendung in Spielfilmen. (UFITA, 1958, Bd 25,H.3/4, S.152-165)

12.Handelsrecht,Wertpapierrecht,Kartell-und Wettbewerbsrecht

Behrens,F.S.: Der Wettbewerbsbegriff des Gesetzes gegen Wettbewerbsbeschränkungen.(NJW, 1958, H.13, S.481-485)

Bergenroth: GmbHG § 64 I ist Gläubigerschutzgesetz i.S. § 823 II BGB. (MDR, 1958, H.4, S.199-201)

Beringe, von: Das rechtliche Risiko im Auslandsgeschäft.(B, 1958, H.8, S.215-217)

Brunn,H.von: Das Konditionenkartell im neuen Kartellgesetz.(WuW, 1958, H.3, S.135-141)

Coenen,E.: Die Rechtsnatur des aktienrechtlichen Dividendenanspruchs, zugleich eine Studie zur Aktienrechtsreform.(B,1958,H.12, S.328-334)

Fikentscher, W.: Die Preisunterbietung nach neuem Wettbewerbsrecht. (BB, 1958, H.6, S.201-212)

Fuchs,J.: Kleine Aktienrechtsreform und gleiche Wettbewerbsbedingungen für alle Unternehmungen. (B,1958, H.9, S.229-231)

Gleiss, A.: Wann werden Konditionen-,Rabatt- und Normenkartelle wirksam? (NJW, 1958, H.14/15, S.530-532)

Gloede,F.: Wirtschaftsverbände und Wettbewerbsregeln in der Sicht des neuen deutschen Kartellgesetzes.(WRP, 1958, H.3, S.66-69)

Götz, H.N.: Der zwingende Geltungsbereich der Haager Regeln nach anglo-amerikanischem Recht. (ZHK, 1958, H.1/2, S.47-66)

Jadesohn: Handelsrechtliche Gesetzgebung der Vereinigten Staaten (1956).(ZHK, 1958, H.1/2, S.72-73)

Loos, G.: Empfehlungen von Wiederverkaufspreisen unter dem Gesetz gegen Wettbewerbsbeschränkungen.(BB,1958, H.5, S.176-178)

Mayer-Wegelin, H.: Die Empfehlung im Sinne des § 38 Abs.2 GWB. (B, 1958, H.7, S.187-190)

Menze,H.: Open Price System und das Gesetz gegen Wettbewerbsbeschränkungen.(WuW, 1958, H.2, S.98-104)

Meyn, E.: Das neue "Gesetz gegen Wettbewerbsbeschränkungen". (Betr.Verf.,1958, H.1, S.14-17)

Ottel,F.: Geregelter Wettbewerb um Geldeinlagen.(WuW, 1958,H.2, S.90-98)

Reimann, G.: Können Empfehlungen kartellgleicher Wirkung auf dem Wege der Anmeldung bei der Kartellbehörde vom gesetzlichen Verbot freigestellt werden? (BB, 1958, H.5, S.178-180)

Rheinfels, H.: Wettbewerbsregeln nach dem GWB. (B, 1958,H.11,S.301-303)

Richert,E.: Zur Frage der Umwandlung der GmbH in eine Partenreederei. (MDR, 1958, H.4, S.201-203)

Rowedder,H.: Das Gesetz gegen Wettbewerbsbeschränkungen (II). (MDR, 1958, H.3, S.129-132)

Schmidt,W.: Strafbarkeit gem.§ 84 GmbH-Gesetz bei Überschuldung der Gesellschaft.(SchlHA, 1958, H.3, S.75-76)

Schmitt,M.: Die Belegschaftsaktie.(B,1958, H.11, S.308-310)

Schönle, H.: Überforderung der Arbeitnehmervertreter im Aufsichtsrat infolge Gesetzesmangel. (ZHK, 1958, H.1/2, S.7-27) 16

Schramm;R.Klaka: Das Deliktrecht im Gesetz gegen Wettbewerbsbeschränkungen. (WRP, 1958, H.3, S.75-78) 7

Schröder,G.: Steht ein Ausgleichsanspruch auch einem Eigenhändler (Vertragshändler) zu? (BB, 1958, H.7, S.252-255)

Spengler, A.: Abgrenzung zwischen dem GWB und den "Vorschriften für Unternehmen" im EWG-Vertrag. (WuW, 1958, H.2, S.73-89) 3

Stöver, K.H.: Voraussetzungen für die Erteilung einer Erlaubnis zu einem Importkartell nach § 7 des GWB. (WRP, 1958, H.3, S.69-74)

Sudhoff: Die Berechnung der Kommanditeinlage im Falle des § 139 HGB. (NJW, 1958, H.11, S.401-405)

Tena,J.G.: Überblick über die Doktrin und die spanische Handelsgesetzgebung in den Jahren 1953-1957. (ZHK, 1958, H.1/2, S.67-71)

Vallenthin,W.: Arbeitnehmervertreter als Vorsitzer oder stellvertretender Vorsitzer des Aufsichtsrats? (BB, 1958, H.7, S.272-273)

Vogel,K.: Kartellrecht und Handelspolicey. (JZ, 1958, H.4, S.111-113)

Wachs,K.R.: Gedanken über die Begriffe Verkehrsrecht und Postrecht und ihre Beziehungen zueinander.(ZHK, 1958, H.1/2, S.28-46)

Wahl,E.: Formprobleme des neuen Kartellgesetzes.(JZ, 1958, H.5/6, S.148-153)

Walther,C.A.: Kartellrechtliche Probleme bei der Gewährung von Kundenschutz durch Nichtbelieferung von Wettbewerbern. (WRP, 1958,H.2, S.33-35)

13.Landwirtschaftsrecht

Bendel: Ersatz des Wildschadens im Walde. (RdL, 1958,H.2, S.32-34)

Kehrl: Baulandbewertung in der Flurbereinigung.(RdL, 1958, H.3,S.57-61)

Riedel,F.: Die Rechtsprechung in Landwirtschaftssachen im Jahre 1957. (JZ, 1958, H.5/6, S.159-161)

Wiethaup, H.: Beendigung einer Zwischenpacht von Kleingartengelände. (RdL, 1958, H.3, S.61-62)

Wöhrmann: Die ungesunde Verteilung der Bodennutzung in der Rechtsprechung des Bundesgerichtshofes.(RdL, 1958, H.2, S.29-32)

14.Familienrecht

Bärmann,J.: Das neue Ehegüterrecht.(AcP, 1958,Bd 157,H.2,S.145-214)

Beitzke,G.: Betrachtungen zum neuen Kindschaftsrecht.(FamRZ,1958, H.1, S.7-12)

Bosch,F.W.: Freiheit und Bindung im neuen deutschen Familienrecht. (FamRZ, 1958, H.3, S.81-88)

Brühl: Witwengeld und Gleichberechtigungsgesetz.(FamRZ, 1957, H.12, S.401-403) 5,17

Haegele,K.: Ersatzforderungen zwischen Ehegatten und Gleichberechtigung. (FamRZ, 1958, H.2, S.43-45)

Hoffmeyer,V.: International - familienrechtliche Vorfragen im Strafrecht. (FamRZ, 1957, H.12, S.406-409) 7

Lange, H.: Nochmals: Zum Ausgleich des Zugewinns beim Tode eines Ehegatten. (NJW, 1958, H.8, S.288-290)

Meyer,K.E.: Laufende Lebensversicherungen und das Gleichberechtigungsgesetz.(FamRZ, 1957, H.12, S.397-399)

Meyer,K.;H.A.Weirich: Zum Ehevertrag während der Übergangszeit. (FamRZ, 1957, H.12, S.399-401)

Paulick,H.: Das Eltern-Kind-Verhältnis gemäß den Bestimmungen des Gleichberechtigungs gesetzes vom 18.Juni 1957.(FamRZ, 1958, H.1, S. 1-7)

Richert: Der Vorname ehelicher Kinder. (DRiZ, 1958, H.3, S.80)

Roth-Stielow,K.: Verarmungsfaktor und wachsender Wohlstand als Grund zur Unterhaltsabänderung.(FamRZ, 1957, H.12, S.405-406)

Schwimann,M.: Zur Auslegung des § 19 EheG 1946.(Namensehe). (FamRZ, 1958, H.2, S.45-47)

Schwoerer,J.: Der Einfluß von Störungen in der elterlichen Gewalt des einen Elternteils auf die elterliche Gewalt des anderen Elternteils nach altem Recht, Zwischenrecht und neuem Recht.(FamRZ,1958, H.2, S.41-43; H.3, S.88-93)

Thiele,W.: Miteigentumserwerb der Ehegatten an dem während der Ehe angeschafften Hausrat. [Gleichzeitig ein Beitrag zum Recht der Schlüsselgewalt(§ 1357 BGB) und der Gesellschaft(§§ 705 ff.BGB)]. (FamRZ, 1958, H.4, S.115-120)

Ulmer,K.: Über die Notwendigkeit einer Fristverlängerung für das Inkrafttreten der Normen des Gleichberechtigungsgesetzes betr.den gesetzlichen Güterstand der Zugewinngemeinschaft.(FamRZ, 1958, H.4, S.113-115)

Waas,I.: Das Gleichberechtigungsprinzip in seiner Wirkung auf das Recht des ehelichen Kindes.(Zbl.JugR, 1958, H.2, S.44-47)

Wiggert, K.H.: Zum Anspruch auf den Unterhaltsbeitrag für das uneheliche Kind eines verstorbenen männlichen Beamten oder Ruhestandsbeamten (§ 126 III BBG).(FamRZ,1958,H.2, S.49-50)

15. Zivilprozeß und Freiwillige Gerichtsbarkeit

Badewitz: Der Mißbrauch einstweiliger Verfügungen gegen die Presse. (ZV u.ZV, 1958, H.5, S.137-138) 7

Bötticher, E.: Streitgegenstand und Rechtskraft unter besonderer Berücksichtigung der Wiederholung der Ehescheidungsklage.(FamRZ,1957, H.12, S.409-414)

Buch,W.von: Der Entmündigungsantrag gegen einen Ehegatten.(FamRZ, 1957, H.12, S.403-405)

Fischer,J.: Nochmals: Die Pfändbarkeit von Bezügen nach dem BVG. (NJW, 1958, H.9, S.333-334)

Hagemeister,H.: Fragen des Beschwerderechts.(SchlHA, 1958, H.3, S. 65-73)

Hermes: Zur Rechtslage, wenn die Vertragsparteien für die Räumung der Mietwohnung einen über die Vorschrift des § 30 WBewG hinausgehenden Vollstreckungsschutz vereinbart haben.(ZMR, 1958, H.3, S.75-76)

Hermes, H.: Vereinbarungen zwischen dem Vermieter und dem Mieter einer Wohnung über die Benutzung des Räumungstitels.(SchlHA, 1958, H.3, S.76-78)

Kracht,F.: Verstoßen Bietungsabkommen gegen das GWB? (NJW, 1958,H.13, S.490-491)

Kuchinke,K.: Pfändungspfandrecht und Verwertungsrecht bei der Mobiliarzwangsvollstreckung. (JZ, 1958, H.7, S.198-202)

Lowe,K.H.: Die erneute Zwangsvollstreckung aus Arrestbefehlen nach einstweiliger Einstellung der vorläufigen Vollstreckbarkeit des Aufhebungsurteils. (MDR, 1958, H.4, S.208-210)

Mohrbutter,J.;F.Leyerseder: Zuschlagbeschwerde und neue Tatsachen. (NJW, 1958, H.10, S.370-371)

Neuhaus,H.: Die internationale Zuständigkeit in Ehesachen nach dem Gleichberechtigungsgesetz. (FamRZ, 1958, H.1, S.13-14) 18

Ostler, F.: Fristenkontrolle in der Anwaltskanzlei und die Rechtsprechung des Bundesgerichtshofes. (NJW, 1958, H.11, S.405-410)

Prost,G.: Die Stellung des Drittschuldners bei fehlerhaften Vollstrekkungsakten. (NJW, 1958,H.13, S.485-488)

Schöneich, E.: Zur Konvention der Vereinten Nationen über die Todeserklärung Verschollener. (NJW, 1958, H.8, S.290-291)

Stein,E.: Die Ablastbarkeit der Haftpflichtversicherungsprämien im Konkurs- und Vergleichsverfahren. (NJW, 1958, H.14/15,S,532-533)

Tschischgale,M.: Die Übergangsregelung im Kostenänderungsgesetz. (NJW, 1958,H.10, S.365-367) 7

Wichmann,G.: Die Zwangsvollstreckung bei der Forderung auf Herausgabe von Kindern.(Zbl.JugR, 1958, H.1, S.7-11)

16. Arbeitsrecht und Arbeitsgerichtliches Verfahren

Arning, G.: Strafsanktionen im Arbeitsschutzrecht. (AG, 1958, H.7, S.228-232) 7

Asanger, R.: Die rechtliche Bedeutung der Unfallverhütungsvorschriften. (Soz.Sicherh., 1958, H.3, S.73-76)

Bardey, E.: Lohnpolitik - heute und morgen. (Mbl. freiheitl. Wipol., 1958, H.3, S.143-146)

Beitzke, G.: Normenkollisionen im Arbeitsrecht. (B, 1958, H.8, S.224-227) 18

Biskup, G.: Die Sozialbestimmungen des Vertrages zur Gründung der Europäischen Wirtschaftsgemeinschaft. (RdA, 1957, H.12, S.457-462) 17,3

Boldt: Die Streitwertrevision im arbeitsgerichtlichen Verfahren. (RdA, 1958, H.3, S.100-102)

Bremer, R.: Die Löhne in der Landwirtschaft. (AG, 1958, H.7, S.219-220)

Brügel, J.W.: Neue Veröffentlichungen über die britische Gewerkschaftsbewegung. (Gew.Mon.H., 1958, H.3, S.148-153)

Dietz, R.: Arbeitsverteilung und Hausarbeitstag. (RdA, 1957, H.12, S.441-446)

Geburzky, E.: Die besondere Rechtsstellung des Betriebsratsvorsitzenden. (B, 1958, H.7, S.196-198)

Gröbing, K.: Entwicklungen des Tarifrechts im öffentlichen Dienst. (ArbuR, 1958, H.3, S.65-75) 2

Gumpert, J.: Gleichbehandlung bei der betrieblichen Altersversorgung. (BB, 1958, H.5, S.196-199)

Habscheid, W.J.: Zur Lehre vom Streitgegenstand im Kündigungsschutzprozeß. (RdA, 1958, H.2, S.46-50; H.3, S.95-100)

Die Haftung der Arbeitnehmer für Arbeitsunfälle anderer Arbeitnehmer in den Betrieben. (Soz.Sicherh., 1958, H.3, S.81-83)

Harms, R.: Zur Frage des Schadens durch Verdienstausfall bei Weiterzahlung des Arbeitsentgelts. (JZ, 1958, H.5/6, S.156-158)

Heissmann, E.: Praktische Erfahrungen zur Neuordnung der betrieblichen Altersversorgung anläßlich der Rentenreform. (AG, 1958, H.4, S.104-107) 17

Hessel, P.: Die Zulässigkeit von Abwehrstreiks. (ArbuR, 1958, H.2, S.47-49) 4

Hülden, A.: Die Entwicklung der Löhne und Gehälter im öffentlichen Dienst. (I u.II). (AG, 1958, H.6, S.180-182; H.7, S.221-223)

Hug, W.: Die neue schweizerische Gesetzgebung über den Gesamtarbeitsvertrag und dessen Allgemeinverbindlichkeit. (RdA, 1958, H.3, S.81-89)

Joachim, H.G.: Die Beendigung des Arbeitsverhältnisses im gegenseitigen Einvernehmen.(BB, 1958, H.9, S.345-347)

Kauffmann,H.: Zur Auslegung von Tarifverträgen und ergänzende Rechtsfindung durch das Gericht.(Betr.Verf.,1958, H.1, S.8-12)

Lemke,B.: "Einrichtungen" der betrieblichen Altersversorgung und Mitbestimmung. (Betr.Verf.,1958, H.1, S.1-8)

Zum Lohnkonflikt in der Stahlindustrie. (AG, 1958, H.7, S.202-204)

Mülbach,P.: Das Tarifvertragsrecht in den USA.(Gew.Mon.H.,1958, H.3, S.136-147)

Natzel,B.: Das Problem der Ersatzmitgliedschaft von Arbeitnehmern im Aufsichtsrat.(T.II). (B, 1958, H.6, S.164-165)

Osthold, E.A.: Zulässigkeit der ordentlichen Kündigung während eines Streiks.(B, 1958, H.12, S.341)

Plum,G.: Der freiwillige Sozialaufwand der Industrie im Jahre 1956. (AG, 1958, H.6, S.175-179) 17

Reichel, H.: Die Beseitigung von Dienstordnungen und Betriebsordnungen. (B, 1958, H.13, S.367-369)

Rewolle,H.D.;J.Lorentz: Zur Rechtsnatur des Personalrats.(ArbuR, 1958, H.3, S.75-79)

Rick,W.: Das befristete Probearbeitsverhältnis und das Kündigungsverbot gem.§ 9 MSchG. (B, 1958, H.9, S.253-254)

Roemheld, G.: Vorschläge für die Neugestaltung des Rechtes der Lehrverhältnisse durch ein Berufsausbildungsgesetz.(T.I u.II).(RdA,1958, H.4, S.55-58; H.5, S.68-70)

Salzmann,W.: Die Frau im Betrieb.(Betr.Frauenarbeit). (Mbl.freiheitl. Wipol.,1958, H.3, S.151-154)

Schediwy, R.: Die Zuschußzahlung zum Krankengeld im Krankheitsfall von Arbeitern im Hinblick auf die Bestimmung des § 616 BGB und auf tarifliche und betriebliche Regelungen.(RdA, 1958, H.2, S.51-54)

Schmidt,R.: Die Haftung für den Arbeitsunfall des Arbeitskollegen. (MDR, 1958, H.4, S.193-195)

Schneider,H.: Wacke,G., Grundlagen des öffentlichen Dienstrechts. Tübingen 1957, 130 S.(Rez.). (ArbuR, 1958, H.3, S.83-85) 5

Schregle,J.: Ausländische Arbeitsgesetzgebung.(4.Folge).(Aden, Ceylon,Hongkong,Indien,Indonesien).(RdA, 1958, H.2, S.64-65; H.3, S.109-110)

Schüler-Springorum, H.: Wer ist Angestellter? (BB, 1958, H.6,S.236-239)

Der "Tag der Schwarzarbeit". (Mbl.freiheitl.Wipol.,1958, H.3, S.138-139)

Seemannsgesetz löst Seemannsordnung von 1902 ab. (AG,1958, H.6, S.187-188)

Seifert,J.: Demokratische Strukturen im DGB. (Gew.Mon.H.,1958, H.3, S.153-161) 1

Stahlhacke,E.: Zulässigkeit und Wirkungen tariflicher Effektivklauseln. (RdA, 1957, H.12, S.446-451)

Tilka,B.: Das Zwischenzeugnis. (ArbuR, 1958, H.3, S.79-81)

Trieschmann,G.: Beilegung von Einzelarbeitsstreitigkeiten in den USA. (B, 1958, H.10, S.280-282)

Weidner,P.: Zur Klagefrist bei Schadenersatz aus Vertragsbruch des Arbeitnehmers. (Betr.Verf.,1958, H.1, S.12-14)

Wiggert,W.: Günstigkeitsprinzip und Günstigkeitsvergleich bei Normenkollision im Urlaubsrecht. (ArbuR, 1958, H.2, S.50-51)

Zöllner,W.: Zur Publikation von Tarifvertrag und Betriebsvereinbarung. (DVBl.,1958, H.4, S.124-127) 5

17.Sozialrecht,Sozialgerichtsbarkeit und Verfahren

Beck,M.: Berufsunfähigkeit und Lohnersatzfunktion.(ZSR, 1958,H.3, S.171-177)

Bekemeier,H.: Die Abschaffung der knappschaftlichen Rentenversicherung. (Soz.Sicherh.,1958, H.2, S.38-42)

Bischoff,H.A.: Barleistungen der Sozialversicherung als Voraussetzung des Arbeitgeberzuschusses zum Krankengeld.(BB, 1958, H.8, S.308-311) 16

Blobel,K.: Zur Reform der Krankenversicherung. (Soz.Sicherh.,1958, H.3, S.70-71)

Cockburn,C.: Die Rentendebatte in England. (ZSR, 1958, H.2, S.124-136)

Dersch: Die Begriffe Berufsunfähigkeit, Erwerbsunfähigkeit und verminderte bergmännische Berufsunfähigkeit in der Neuregelung der Rentenversicherungen. (T.II).(ZSR, 1958, H.2, S.83-91)

Frühling,O.: Die BfA stellt Wanderversicherungsrenten ungesetzlich um. (Soz.Sicherh.,1958, H.3, S.67-70)

Die Auswirkungen des Gesetzes zur Verbesserung der wirtschaftlichen Sicherung der Arbeiter im Krankheitsfalle. (ZSR, 1958, H.2, S.147-150)

Glage,G.: Die Kriegsopferversorgung in Frankreich. (ZSR, 1958, H.3, S.196-203)

Gottmann,K.: Der Rentenbeginn nach dem neuen Recht in der Arbeiterrentenversicherung. (Soz.Sicherh.,1958, H.3, S.83-88)

Hauck: Vorverfahren und gerichtliches Verfahren nach dem Sozialgerichtsgesetz. (NJW, 1958, H.9, S.327-330)

Heyn,W.: Gesellschaftsbildung zur Vermeidung der Sozialversicherungspflicht von Meisterkindern. (BB,1958, H.7, S.273-275)

Hoernigk,R.: Ungereimtheiten in den Rentenneuregelungsgesetzen.(BB, 1958, H.5, S.165-168)

Kirstein,H.: Zur Frage der unzulässigen Rechtsausübung im Falle des § 1542 RVO.(Betr.Krankenpflegekosten). (MDR, 1958, H.3, S.137-139)

Klaas,J.: Die Krankheit der sozialen Krankenversicherung.(ZSR,1958, H.3, S.186-196)

Kossow,W.: Beitragserhöhung und risikogerechte Beitragsbemessung in der sozialen Krankenversicherung.(BB, 1958, H.7, S.241-242)

Kossow,W.: Der zweckentsprechende Einsatz von Kassenmitteln zur Erfüllung der gesetzlichen Aufgaben der sozialen Krankenversicherung im Zuge der Neuordnung der sozialen Leistungen. (ZSR,1958,H.3, S.178-185)

Leder,H.: Arbeitslosenversicherung auf falschem Wege? (ZSR,1958,H.2, S.95-109)

Leverenz:Zur Bedeutung der Sozialgerichtsbarkeit.(SchlHA, 1958, H.2, S.29-30)

Ludwig,K.: Wenn die Versicherungsunterlagen fehlen. (ZSR, 1958,H.2, S.111-123)

Odendahl,W.: Rechtsangleichung im Land Berlin. (ZSR, 1958,H.3,Beil. "Verw.u.Aufsicht", S.30-32)

Piegler,J.: Kindergeld in Österreich.(FamRZ, 1958, H.2, S.50-53)

Schayer,K.: Die Angleichung des Berliner Krankenversicherungsrechts. (Soz.Sicherh.,1958, H.2, S.46-47)

Schieckel: Das Problem der sozialen Sicherung Selbständiger. (ZSR, 1958, H.3, S.159-167)

Schmalz,F.;G. Gevatter: Zweimal: "Wer steht der Arbeitsvermittlung zur Verfügung?" (Betr.Arbeitslosenversicherung).(Soz.Sicherh.,1958, H.2, S.44-46)

Schroeder-Printzen,G.: Zum Versicherungsschutz des Wegeunfalls bei Arbeitslosen. (Soz.Sicherh.,1958, H.3, S.72-73)

Zaudernde Sozialpolitik? (Betr. Bundestag zur Rentenreform). (Soz.Sicherh.,1958, H.3, S.65-67)

Zweng,H.: Zum Begriff der Berufsunfähigkeit im neuen Recht der sozialen Rentenversicherung. (ZSR, 1958, H.3, S.167-171)

18.Internationales Privatrecht

Henrich,D.: Zur Anfechtung der Ehelichkeit eines Kindes im Internationalen Privatrecht.(FamRZ, 1958,H.4, S.122-125)

19.Juristische Ausbildungs-und Prüfungsfragen

Hennke,G.:Über den Vorbereitungsdienst. (SchlHA, 1958, H.3, S.63-65)

Justizausbildung. (DRiZ, 1958, H.3, S.86-87)

Mager, H.: Praktische Fragen der Referendarausbildung beim Landgericht in Zivilsachen. (JZ, 1958, H.7,S.203-204)

Schultz,E.: Die häusliche Arbeit in der ersten juristischen Prüfung. (T.I u.II). (MDR, 1958, H.3, S.144-145; H.4, S.210-212)

20.Sonstiges

Brockmann,T.: Die Entwicklung des Bundesrechts im zweiten Halbjahr 1957. (DVBl.,1958, H.5, S.163-168)

Daig, H.W.: Die Rechtsprechung des Gerichtshofes der Europäischen Gemeinschaft für Kohle und Stahl in den Jahren 1956 und 1957. (JZ, 1958, H.7, S.204-207)

Haider,F.: Formen und Aufgaben einer Rechtserziehung in Österreich. (RdJ, 1958, H.5, S.74-77)

Krüzner,H.: Die Entwicklung des öffentlichen Rechts in Bayern im Jahre 1957. (DVBl.,1958, H.6, S.198-201)

Landesbericht Rheinland-Pfalz (1956-1957).(DÖV, 1958, H.8-9,S.211-215; H.10, S.254-258)

Schlotheim,H.H.Frhr.von: Über den Sinn gerichtlicher Formen und Bräuche.(T.I u.II). (RdJ, 1958, H.4, S.49-52; H.5, S.65-67)

Stettner,H.: Zur Geschichte der schulischen Rechtserziehung.(RdJ, 1958, H.5, S.70-73)

C.17.(27.) VERZEICHNIS DER NEUERWERBUNGEN DER BIBLIOTHEK DES DEUTSCHEN INSTITUTS FÜR RECHTSWISSENSCHAFT[1)]

1.ALLGEMEINES

1.Allgemeine und bibliographische Nachschlagewerke, Wörterbücher, Buch- und Bibliothekswesen

Der Grosse Brookhaus. 16.,völlig neubearb.Aufl. in 12 Bdn. Bd 1.2. 6-10. Wiesbaden 1952 7 Bde II Ea 19638

Castillon, H.: Einführung in die Lochkartentechnik. Berlin 1958. 172 S. I Ea 19771

China. Eine Großmacht im Wandel der Jahrtausende. Abriß d.Gesch. Wirtsch.u.Kultur mit ausführl.Reg. (Übers.a.d.Gr.Sowj.Enzykl.) Berlin 1957. 464 S. I Ea 19075

Deutschlandfibel. Ein Wegweiser durch die Bundesrepublik. Hrsg.vom Beirat f.d.bürgerschaftl.Austausch mit dem Ausland. Ausg.1956/57. 3.,neubearb.Aufl. Bonn 1956. 133 S. II Ea 19702

Fleischhack,K.;E.Rückert;G.Reichardt: Grundriss der Bibliographie. Bearb.unter Mitw.von G.Günther u.W.Dux. Leipzig 1957. 263 S. I Ea 19402

Koelwel,E.: Wegweiser zu einem guten deutschen Stil. 2.Aufl. Leipzig 1954. 151 S. I Ea 19734

Krüger,O.: Satz, Druck, Einband und verwandte Dinge. Ratgeber f. Best.u.Facharbeiter. 6.,unveränd.Aufl. Leipzig 1949. 144 S. I Ea 20237

Lehmann, R.: Übersicht über die Bestände des Landesarchivs Lübben/NL. Bearb. Weimar 1958. 142 S. I Ea 19744

Reblin,B.: Lehrbuch für das Katalogisieren in allgemeinbildenden Bibliotheken. Leipzig 1957. 256 S. I Ea 19590

Rehberger, J.: (Tschechisch-deutsche Handelsphrasologie mit einer Sammlung von Briefbeispielen u.e.tschech.-dt.sowie dt.-tschech.Wörterbuch f.d.Außenhandel,tschech.:) Česko-německá obchodní frazeologie se sbírkou základních dopisu a s česko-německým a německo-českým slovníčkem pro zahraniční obchod. Prag 1953. 168 S. IV Ea 19569

1) Die hier angezeigte Literatur ist gemäß der Benutzungsordnung der Bibliothek des Deutschen Instituts für Rechtswissenschaft, für die Mitglieder des Deutschen Instituts für Rechtswissenschaft,Ministerien und zentrale Institutionen der Deutschen Demokratischen Republik und nach der Leihverkehrsordnung der Bibliotheken ausleihfähig.-Verzeichnis 1-10 ist enthalten im Mitteilungsblatt des Deutschen Instituts für Rechtswissenschaft 1953, Nr 1- 1955, Nr 3.

(Russisch-tschechisches juristisches terminologisches Wörterbuch, tschech.:) Rusko-český právnický slovníček terminologický. Prag 1957. 231 S. IV Ea 20475

Die Sowjetunion. Moskau 1957. 263 S. III Ea 19519

(Wörterbuch der juristischen Terminologie, slowak.:) Právnický terminologický slovník. Bratislava 1952. 181 S. IV Ea 19773

Zentralbibliothek im Haus der Ministerien. Bestandsverzeichnisse. 5. Zeitschriften < 1945 ff.> Stand vom 31.10.1957. Berlin 1958. 166 S. I Ea 20591

Zwicker-Scannevin, H.: Terminologie der sozialen Sicherheit. Dreisprach.Wörterbuch d.einschläg.Fachausdrücke. Bd 1: Dt.-Engl.-Franz. München 1956. 157 S. II Ea 19580

2.Biographien

Broda, E.: Ludwig Boltzmann - Mensch, Physiker, Philosoph. Mit e.Geleitwort v.H.Thirring. Berlin 1957. 171 S. I Ea 19292

Fabian, F.: Clausewitz. Sein Leben und Werk. Berlin 1957. 317 S. I Ea 19742

Raumer, K.von: Die Autobiographie des Freiherrn vom Stein. 2.,durchges.Aufl. Münster/Westf.1955. 53 S. II Eb 908

3.Philosophie, Soziologie

Ernst Blochs Revision des Marxismus. Krit.Auseinandersetzgn marxist. Wissenschaftlern mit d.Blochschen Philosophie. Berlin 1957. 352 S. I Ea 19293

Bottomore, T.B.: Classes in modern society. London 1955. 63 S. V Ea 19763

Duncker, H.: Das "Manifest der Kommunistischen Partei" - das wissenschaftliche Programm der internationalen Arbeiterbewegung. Mit d. Beitr.: Der Marxsche Leitfaden zum Geschichtsstudium. Berlin 1958. 56 S. I Ea 19604

Elfimov, V.: (Die religiösen Überreste und die Wege zu ihrer Bewältigung, russ.:) Religioznye perežitki i puti ich preodolenija. Moskau 1958. 29 S. III Ea 20583

Beiträge zur Kritik der gegenwärtigen bürgerlichen Geschichtsphilosophie. Hrsg.von R.Schulz. Berlin 1958. 543 S. I Ea 19751

Girnus, W.: Die Befreiungsstunde des prometheischen Geistes. Rede auf d.Festveranstaltg d.Univ.u.Hochschulen anläßl. d.40.Jahrestages d. Großen Sozialistischen Oktoberrevolution an d.Friedrich-Schiller-Univ.zu Jena am 28.Okt.1957. Berlin 1957. 31 S. I Ea 20454

Haufe, C.: Die sittliche Rechtfertigungslehre des Paulus. Halle 1958. 172 S. I Ea 19746

Hegel, G.W.F.: Recht, Staat, Geschichte. Eine Ausw.aus seinen Werken. Hrsg.u.erl.von F.Bülow. Stuttgart 1955. 514 S. II Ea 19679

Jachot,O.: (Ursache und Folge, russ.:) Pričina i sledstvie. Moskau 1957. 47 S. III Ea 16978

Kedrov,B.M.: (Die Negation der Negation, russ.:) Otricanie otricanija. Moskau 1957. 78 S. III Ea 20584

Kehnscherper,G.: Die Stellung der Bibel und der alten christlichen Kirche zur Sklaverei. Eine bibl.u.kirchengeschichtl.Untersuchg von d.alttestamentl. Propheten bis zum Ende d. Römischen Reiches. Halle 1957. 187 S. I Ea 19745

Krapp,G.: Marx und Engels über die Verbindung des Unterrichts mit produktiver Arbeit und die polytechnische Bildung. Berlin 1958. 200 S. I Ea 19646

Le Bon, G.: Psychologie der Massen. Mit e.Einf.von H.Dingeldey. Stuttgart 1957. 182 S. II Ea 19678

Lenin,W.I.: (Werke, poln.:) Dzieła. Bd 1 ff. Warschau 1949. IV Ea 19584

Lukrez:Über die Natur der Dinge. Berlin 1957. 254 S. I Ea 18901

Morton,A.L.: Die englische Utopia. Berlin 1958. 318 S.I Ea 19601

Mueller,F.H.: Soziale Theorie des Betriebes. Berlin 1952. 224 S. II Ea 19684

Nöthling, W.: Menschenkenntnis im Betrieb. Wuppertal-Barmen 1951. 107 S. II Ea 19316

Nöthling, W.: Menschenkenntnis und Menschenführung nach den Formengesetzen. Wuppertal-Barmen 1951. 24 S. II Ea 19317

Ojzerman,T.I.: (Die Hauptstufen des Erkenntnisprozesses, russ.:) Osnobnye stupeni processa poznanija. Moskau 1957. 47 S. III Ea 20448

Die Große Sozialistische Oktoberrevolution - Ausgangspunkt und Basis der Verwandlung des Sozialismus in ein Weltsystem. Protokoll d. Wiss.Konferenz d.Parteihochschule "Karl Marx" beim ZK d.SED in Zusammenarb.mit d.Inst.f.Gesellschaftswiss.beim ZK d.SED u.d.Inst.f. Marxismus-Leninismus beim ZK d.SED vom 19.-21.9.1957 in Berlin. Berlin 1958. 482 S. I Ea 19609

Plechanow,G.W.: Grundprobleme des Marxismus. Berlin 1958. 135 S. I Ea 19608

Plechanow,G.W.: Über materialistische Geschichtsauffassung. Berlin 1958. 48 S. I Ea 19612

Popov,P.S.: Das Urteil, russ.:) Suždenie. Moskau 1957. 47 S. III Ea 19435

Reif, H.: Politik und Moral. Vortr.geh.zur Semesterfeier d.Dt. Hochschule f.Politik Berlin am 19.Juli 1954. Berlin 1957. 17 S. II Ea 19578

Rousseau,J.J.: Die Krisis der Kultur. Die Werke ausgew.von P.Sakmann. In 2.Aufl.durchges.u.erw.von R.Schmidt. Stuttgart 1956. 375 S. II Ea 19680

Šiškin,A.(Schischkin,A.): Die Grundlagen der kommunistischen Moral. (Aus d.Russ.) Berlin 1958. 367 S. I Ea 19714

Thomas von Aquino: Summe der Theologie. Zsgef.,eingel.u.erl.von J.Bernhart. 3.,durchges.u.verb.Aufl. Bd 2: Die sittliche Weltordnung. Stuttgart 1954. 524 S. II Ea 19677

Vasil'ev, G.N.: (Die marxistische Philosophie über die Materie und die Formen ihres Bestehens, russ.:) Marksistskaja filosofija o materii i formach ee suščestvovanija. Moskau 1958. 30 S. III Ea 20581

Weber,M.: Soziologie, weltgeschichtliche Analysen, Politik. Mit e. Einl.von E.Baumgarten. Hrsg.u.erl.von J.Winckelmann.Stuttgart 1956. 576 S. II Ea 18981

4.Wirtschaftswissenschaft

Arndt, E.: Theoretische Grundlagen der Lohnpolitik. Tübingen 1957. 290 S. II Ea 19755

Bljumin, I.G.: Grundriß der modernen bürgerlichen politischen Ökonomie der USA. Übers.aus d.Russ. Berlin 1958. 253 S. I Ea 19599

Bondi,G.: Deutschlands Aussenhandel 1815-1870. Berlin 1958. 156 S. I Ea 19617

Burambaev,G.C.;N.I.Janios: (Der Aufschwung von Wirtschaft und Kultur in der Kasachischen SSR, russ.:) Rascvet ekonomiki i kul'tury Kazachskoj SSR. Moskau 1958. 46 S. III Ea 20585

Graziani,A.: Sviluppo economico e produttività del capitale. Neapel 1957. 136 S. V Ea 20205

Gross,G.: Die Preisbindung im Handel, Neue Eindrücke aus Nordamerika u.Westeuropa. Düsseldorf 1957. 147 S. II Ea 19710

Hampicke,E.: Grundfragen der qualitativen Arbeitswertung. Berlin 1957. 103 S. 5 Anl. I Ea 19250

(Die ökonomischen Probleme Indiens; russ.:) Ekonomičeskie problemy Indii. Moskau 1957. 657 S. III Eb 469

Jonas,W.: Erlebnisberichte der Mansfeld-Kumpel. Berlin 1957. 267 S. I Ea 19718

Jonas,W.: Das Leben der Mansfeld-Arbeiter 1924 bis 1945. Berlin 1957. 480 S. I Ea 19506

Kaniowski,P.W.: Organisation und Planung im Kraftverkehr. Übers.aus d.Russ. Berlin 1958. 360 S. I Ea 19716

Lange,A.: Die Investitionen in der volkseigenen Industrie der Deutschen Demokratischen Republik im ersten Planjahrfünft. Berlin 1958. 192 S. I Ea 19613

Lange,U.: Die Produktivität der Landwirtschaft in der Deutschen Demokratischen Republik. Eine statist.Analyse ihrer Entwicklg im ersten Planjahrfünft. Berlin 1957. 130 S. I Ea 19520

Lendle,O.: Einige Probleme der Arbeitswerttheorie. Berlin 1958. 52 S. I Ea 19645

Lorch,W.: Die Funktionen des Unternenmers und der Manager. Stuttgart 1955. 82 S. II Ea 19681

Łychowski,T.: (Die ökonomischen Verhältnisse zwischen Ländern unterschiedlicher Gesellschaftsordnung, poln.:) Stosunki ekonomiczne między krajami o różnych ustrojach.(Mit engl.,russ.u.frz.Résumé) Warschau 1957. 634 S. IV Ea 19585

Marx, K.: (Das Kapital, tschech.:) Kapitál.Kritika politické ekonomie. Díl. 1-3. Prag 1956. 4 Bde Bd 1: 902 S. Bd 2: 583 S. Bd 3,1: 482 S. Bd 3,2: 545 S. IV Ea 19563

Maurer,H.: Great Enterprise. Growth and behavior of the big corporation. New York 1956. 303 S. V Ea 19346

Meins,H.: Was verlangt die gegenwärtige Lage von uns? Vortr.,geh.vor d.Belegschaft d.GEG-Zentrale auf e.Betriebsversammlg am 10.Okt.1955 in Hamburg. Hamburg 1955. 12 S. II Ea 19529

Mückenberger, E.: Die Hauptaufgaben der Agrarpolitik im zweiten Fünfjahrplan. Berlin 1957. 63 S. I Ea 19517

Niehaus,H.;H.Priebe: Agrarpolitik in der Sozialen Marktwirtschaft. Wortlaut d.Vortr.u.Diskussion auf d.5.Arbeitstagg d.Aktionsgemeinschaft Soziale Marktwirtschaft am 13.März 1956 in Bad Godesberg. Ludwigsburg 1956. 75 S. II Ea 19653

Nultsch,G.: Einige Probleme der Volks- und Berufszählung. Mit internat.Empfehlgn u.Protokollen z.Durchführg von Volks-,Berufs- u. Wohnraumzählgn. Berlin 1957. 436 S. I Ea 19515

Orlopp,J.: Eine Nation handelt über Zonengrenzen. Streifzug durch d.Gesch.d.innerdt.Handels. Berlin 1957. 138 S. I Ea 19639

Peter,G.;H.Einhorn: Die Schwerindustrie - die Grundlage der ökonomischen und politischen Macht und Stärke des sozialistischen Lagers. Berlin 1957. 61 S. I Ea 19379

(Die Erfolge der Planwirtschaft in Volkspolen, russ.:) Uspechi planovogo chozjajstva Narodnoj Pol'si. < Sbornik materialov >. Moskau 1952. 277 S. III Ea 20360

Puhl,J.: Kapitalanlage in den USA-Wertpapieren. Eine Einf.in Charakter u.Technik d.amerikan.Wertpapiermarktes. München 1956 87 S. II Ea 19354

Ricardo,D.: (Die Grundsätze der politischen Ökonomie und der Besteuerung, poln.:) Zasady ekonomii politycznej i opodatkowania. Warschau 1957. 519 S. IV Ea 19576

Ritschl,H.: Die Grundlagen der Wirtschaftsordnung. Ges.Aufsätze zur Lehre v.d.Wirtschaftsordnung. Tübingen 1954. 171 S. II Ea 19281

Schmidt,M.: Die BEWAG-Transaktion im Jahre 1931. Eine Studie z. Gesch.d.dt.Finanzkapitals. Mit e.Nachtr.v.F.Grantz "25 Jahre später". Berlin 1957. 171 S. I Ea 18866

Spiru,B.: Freiheit, die sie meinen ... Rumänien unter d.eisernen Ferse d.City u.d.Wallstreet. < 1918-1938 >. Berlin 1957. 294 S.
I Ea 19603

Valentej,D.I.: (Die Arbeitslosigkeit - die unvermeidliche Begleiterscheinung des Kapitalismus, russ.:) Bezrabotica - neizbežnyj sputnik kapitalizma. Moskau 1951. 253 S. III Ea 20356

Wallich, H.C.: Mainsprings of the German revival. New Haven 1955. 401 S. V Ea 19448

IFO-Wirtschaftsbilder. Allgemeine Wirtschaftsentwicklung 1956. München 1956. 29 Bl. I Ea 18826

Yang Po: Der Handel in der Übergangsperiode des Staates (chin.). Peking 1956. 60 S. IV Ea 18684

5.Geschichte

Baethgen,F.: Monumenta germaniae historica. Bericht für das Jahr 1955/56. Berlin 1957. 21 S. I Ea 19351

Baranowski,B.;J.Bartyś;J.Michalski: (Geschichte Polens 1648-1764, poln.:) Historia polski 1648-1764. Wybór tekstów. Warschau 1956. 239 S. IV Ea 19597

Bartel,W.: Die Linken in der deutschen Sozialdemokratie im Kampf gegen Militarismus und Krieg. Berlin 1958. 640 S. I Ea 19644

Die Bauernbewegung des Jahres 1861 in Russland nach Aufhebung der Leibeigenschaft. Meldgn d.Suiten-Generäle u.Flügeladjutanten. Ber. d.Gouvernementsstaatsanwälte u.Kreisfiskale. Dt.Ausg.bes.von W. Markov.(Aus d.Russ.übers.) T.1.2. Berlin 1958. 422 S. I Ea 19673

Cäsar,G.J.: Der Gallische Krieg. Mit e.Nachw.von H.Hahn. Leipzig 1957. 340 S. I Ea 19302

Čoj Ik-chan;Chon Gi-mun;Kim Cha-men: (Die fortschrittlichen Wissenschaftler Koreas im 17.-19. Jh.,russ.:) Peredovye učenye Korei XVII-XIX vekov. Pjönjang 1956. 103 S. IV Ea 20357

Dünow,H.: Der Rote Frontkämpferbund. Die revolutionäre Schutz-u. Wehrorganisation d.dt.Proletariats in d.Weimarer Republik. Berlin 1958. 101 S. I Ea 19723

Ehrlich,E.L.: Geschichte der Juden in Deutschland. Düsseldorf 1957. 96 S. II Ea 19575

Engels,F.: Briefe an Bebel. Besorgt vom Inst.f.Marxismus-Leninismus beim ZK der SED. Berlin 1958. 364 S. I Ea 19641

Dokumente und Materialien zur Geschichte der deutschen Arbeiterbewegung. Bd 2. Nov.1917-Dez.1918. Berlin 1957. 770 S. I Ea 18983

(Geschichte des Krieges im Stillen Ozean, russ.:) Istorija vojny na tichom okeane. Tom 1.Agressija v Mand'czurii. Moskau 1957. 414 S.
III Ea 19770

Grundmann,H.: Vom Ursprung der Universität im Mittelalter. Berlin 1957. 66 S. I Ea 19722

Hanisch,W.: Die Hundertschaften der Arbeiterwehr. Die proletar. Hundertschaften 1923 in Sachsen. Berlin 1958. 105 S. I Ea 19610

Jung Meng-yüan: Die Chronologie der chinesischen Geschichte,(chin.) Peking 1956. 274 S, IV Ea 18686

Kolbe,H.: Die beginnende Opposition in den deutschen Gewerkschaften im Jahr 1917. Über d.Auswirkgn d.Großen Sozialistischen Oktoberrevolution auf d.dt.Gewerkschaften. Berlin 1957. 34 S. I Ea 19298

(Lenin in Bildern, tschech.:) Lenin v obrazech. Prag 1951. 45 Bl. IV Eb 873

Nithardi Historiarum libri 4. Post G.H.Pertz. Recogn.E.Müller. Acc.Angelberti Rhythmus de Pugna Fontanetica. 3.ed. Hannover 1956. 61 S. II Ea 18881

Nortbertus: Vita Bennonis II. Episcopi Osnabrugensis. Recogn.H. Bresslau. Hannover 1956. 45 S. II Ea 18920

Roter Oktober 1917.Wie dt.Arbeiter u.Soldaten d.Sturmjahr d.Weltenwende erlebten. Berlin 1957. 75 S. I Ea 19300

... und hörten die Signale. Entdeckgsreisen dt.Schriftsteller in d. Sowjetunion. (Anthologie zum 40.Jahrestag der Oktoberrevolution) Berlin 1957. 229 S. I Ea 19518

Orlova,M.I.: (Deutschland im Jahre 1923, russ.:) Germanija v 1923 godu. < Revoljuzionnyj krizis.> Moskau 1957. 90 S. III Ea 19726

Pastor,L.Frh.von: Geschichte der Päpste seit dem Ausgang des Mittelalters. 12.,unveränd.Aufl. Bd 1-7. Freiburg, Rom 1955-1957. 9 Bde II Ea 19687

Pieck,W.;G.Dimitroff;P.Togliatti: Die Offensive des Faschismus und die Aufgaben der Kommunisten im Kampf für die Volksfront gegen Krieg und Faschismus. Ref.auf d.7.Kongreß d.Komm.Internationale < 1935 >. Berlin 1957. 295 S. I Ea 19249

Schraepler,E.: Quellen zur Geschichte der sozialen Frage in Deutschland. Bd 2: 1871 bis zur Gegenwart. Göttingen, Berlin,Frankfurt 1957. 246 S. II Ea 18283

Vollmer,B.: Volksopposition im Polizeistaat. Gestapo-u.Regierungsberichte 1934-1936. Stuttgart 1957. 399 S. II Ea 19672

Weinert,E.: Um Deutschlands Freiheit. Literar.Arbeiten aus d.Zeit d.2.Weltkrieges. Mit e.Vorw.von A.Kurella. Berlin 1958. 464 S. I Ea 19772

Weinert,E.: Das Nationalkomitee "Freies Deutschland" 1943-1945. Bericht über seine Tätigkeit u.seine Auswirkg. Mit e.Geleitw.von H.Matern. Berlin 1957. 165 S. I Ea 19398

Zychowski, M.: (Das Jahr 1846 in der Krakauer Republik und in Galizien, poln.:) Rok 1846 w rzeczypospolitej Krakowskiej i Galicji. Warschau 1956. 369 S. IV Ea 19596

6.Politik

Abusch,A.: Im ideologischen Kampf für eine sozialistische Kultur. Die Entwicklg d.sozialist.Kultur in d.Zeit d.zweiten Fünfjahrplanes. Rede auf d.Kulturkonferenz d.Sozialistischen Einheitspartei Deutschlands am 23.10.1957 in Berlin. Berlin 1957. 76 S. I Ea 19587

Chruščev,N.S.(Chruschtschow,N.S.): 40 Jahre Große Sozialistische Oktoberrevolution. Festrede in d.Jubiläumssitzg d.Obersten Sowjets d. UdSSR 6.Nov.1957. Berlin 1958. 95 S. I Ea 19607

Dieckmann,J.: In Deutschlands entscheidungsvoller Zeit. Reden u.Aufs. Berlin 1958. 91 S. I Ea 19614

Einberufung des 5.Parteitages der SED. Ref. A.Neumann. Aus dem Bericht des Politbüros, Berichterstatter: E.Honecker, auf d.35.Tagg d.ZK der SED vom 3.-6.2.1958. Berlin 1958. 80 S. I Ea 19640

Gilbert,L.D.: Dividends and democracy. With a foreword by P.H.Douglas. New York 1956. 242 S. V Ea 19696

Was bringt der 3.Grüne Bericht? (Hrsg:) Ausschuß für Deutsche Einheit. Berlin 1958. 10 S. I Eb 500

Kim Ir-Sen: (Der 10.Jahrestag der Befreiung Koreas, russ.:) Desjataja godovščina osvoboždenija Korei. Doklad na toržestvennom zasedanii predstavitelej trudjaščichsja g.Pchen'jana. 14 avgusta 1955 goda. o.O.1955. 29 S. IV Ea 20363

Arbeiterinnen bereiten den Weg für eine neue sozialistische Frauengeneration. Zentrale Konferenz d.Frauenausschüsse am 5.u.6.1.1957 in Glauchau. Berlin 1957. 96 S. I Ea 19743

Merkatz,H.J.von: Politik im Widerstreit. München 1957. 69 S. II Ea 19735

Nikiforow,B.S.: Gangster und Racket im Dienst der Monopole. Berlin 1958. 116 S. I Ea 19591

Pollitt,H.: The Communist Party and the Labour Party. London 1955. 10 S. V Ea 19558

The Role of the Communist Party. London 1957. 23 S. V Ea 19692

Sawicki, J.: Als sei Nürnberg nie gewesen ... Die Abkehr von d.völkerrechtl.Prinzipien d.Nürnberger Urteile. Berlin 1958. 458 S. I Ea 19606

Thesen der KPdSU und der SED zum 40.Jahrestag der Großen Sozialistischen Oktoberrevolution. 2.Aufl. Berlin 1958. 136 S. I Ea 19592

Warnke,H.: Die Aufgaben der Gewerkschaften. Ref. 35.Tagg d.ZK d.SED von 3.-6.2.1958. Entschliesung d.ZK d.SED. Über die Aufgaben d.Gewerkschaften. Berlin 1958. 69 S. I Ea 19605

Westberlin - Hort der Reaktion. Eine Dok.zur Politik d.Westberliner Senats gegenüber d.Verfolgten d.Naziregimes u.ihren einstigen Verfolgern. Berlin 1958. 59 S. I Ea 19495

II.RECHTSWISSENSCHAFT

1.Gesetzesmaterialien und Dokumente (auch Verfassungen und Kurzkommentare)

Balling, H.: Das geltende Beitragsrecht für die Sozialpflichtversicherung der Bauern, Handwerker,selbständig Erwerbstätigen. Unternehmer u.freiberufl.Tätigen bei der Dt.Versicherungs-Anstalt (Stand: 1.Juli 1957) Berlin 1957. 160 S. I Ea 19361

Basic Documents of the United Nations. Ed.by L.B.Sohn. London 1956. 307 S. V Eb 907

Berié,H.;R.Miller: Gemeinsamer Markt und Euratom. Vertragswerk vom 25.3.1957 mit Komm. Herne,Berlin 1957. 379 S. II Ea 19708

Die Besteuerung der Genossenschaften. Zsstellg d.Best.zur Körperschaftssteuer, Gewerbesteuer, Umsatzsteuer, Einheitsbewertung u. Vermögenssteuer sowie d.f.d.einzelnen Genossenschaftsarten geltenden speziellen steuerrechtl.Vorschriften,Überarb.u.mit Anm.vers.von W.Lucas. Stand 30.Nov.1957. Berlin 1958. 669 S. I Ea 19750

Gerichtshof der Europäischen Gemeinschaft für Kohle und Stahl. Sammlung der Rechtsprechung des Gerichtshofes. Bd 1: 1954-1955. Bd 2: 1955-56. Luxemburg 1955-56. 2 Bde 1: 307 S. 2: 489 S. V Ea 19713

(Kommentar zum Gesetz über die Staatsanwaltschaft, tschech.:) Komentář k zákonu o prokuratuře. Zprac. J.Pipek,J.Halaška,Z.Kratochvíl. Prag 1957. 334 S. IV Ea 19572

Gleichberechtigungsgesetz (Gesetz über die Gleichberechtigung von Mann und Frau auf dem Gebiete des bürgerlichen Rechts) mit Gegenüberstellg aller betr.Best.d.BGB,d.ZPO u.anderer Ges.in alter u.neuer Fassg. Mit Verw.u.Sachreg. München, Berlin 1957. 464 S. II Ea 19758

Grundbuchordnung mit der Ausführungsverordnung, d.Grundbuchverf.u. d.wichtigsten Nebenbest.von F.Henke u.G.Mönch. 5.völlig neubearb. Aufl.von E.Horber. München, Berlin 1957, 856 S. II Ea 19256

Kartellgesetz des common sense. Das neue britische Gesetz gegen Wettbewerbsbeschränkungen < Restrictive Trade Practices Act vom 2.8. 1956 >. Einführg,Zusammenfassg u.Text. Veröff.vom Bundesverb.d.Dt. Ind.,Abt. Wettbewerbsordnung. Köln 1956. 43 Bl. II Eb 910

Der Staatsbürger. Verfassg. Rechte. Pflichten. Herne, Berlin 1956. 255 S. II Ea 19668

Staats- und verwaltungsrechtliche Gesetze der Deutschen Demokratischen Republik. Textausg.mit Anm.u.Sachreg.zsgest.von H.U.Hochbaum. Berlin 1958. 777 S. I Ea 19622

(Die zehnte Tagung der Obersten Volksversammlung der Koreanischen Volksrepublik,russ.:) Desjataja sessija verchovnogo narodnogo sobranija KNDR. Pjönjang 1956. 72 S. IV Ea 20358

(Verfassung < Grundgesetz > der Litauischen Sozialistischen Sowjetrepublik, russ.:) Konstitucija < osnovnoj zakon > Litovskoj Sovetskoj Socialističeskoj Respubliki. Wilna 1957. 27 S. III Ea 20511

(Vorschriften über die Gehälter in der Wirtschaft - mit Erl.,serb.:) Propisi o platama u privredi - sa objašnjenjima. Belgrad 1956. 232 S. IV Ea 16662

Wenzel,A.;A.Klas: Bundeswehrverwaltung. Sammlg von Bestimmgn f.d. Verwaltg d.Bundeswehr. Hrsg.unter Mitarb.von K.Klink. Bd 1-3 Frankfurt/M.1956-57. 3 Bde [Loseblattsammlg] II Ea 19711

(Kommentar zum Zivilgesetzbuch. Erbrecht, tschech.:) Komentář k občanskému zákoníku. Právo dědické. Vypr.kolektiv pracovníku pod vedením R.Holuba. Prag 1957. 380 S. IV Ea 20509

2.Rechtswissenschaft allgemein

Châlons,W.: Leben und Recht. Wiesbaden 1956. 120 S. II Ea 19545

Verhandlungen des 41.Deutschen Juristentages. Berlin 1955. Hrsg.v. d.Ständigen Komm.d.Dt.Juristentages. Bd 2. < Sitzungsberichte > Tübingen 1956. getr.Pag. II Ea 13849

3.Staats-und Rechtstheorie

Cranston, M.: Human Rights to-day. London 1955. 64 S. V Ea 19762

Denning, A.: The Road to justice. London 1955. 118 S. V Ea 19481

Gorkin,A.F.: (Die Sowjetdemokratie - die höchste Form der Demokratie, russ.:) Sovetskaja demokratija - vyssaja forma demokratii. Moskau 1958. 47 S. III Ea 20589

Krüger,U.: Das Prinzip der Trennung von Staat und Kirche in Deutschland. Berlin 1958. 27 S. I Ea 20618

Kronstein,H.: Rechtsauslegung im wertgebundenen Recht. Eine Antrittsvorlesg. Karlsruhe 1957.. 28 S. II Ea 19561

Lippmann,W.: Philosophia publica. Vom Geist des guten Staatswesens. München 1957. 218 S. II Ea 19738

Michels,R.: Zur Soziologie des Parteiwesens in der modernen Demokratie. Untersuchgn über d.oligarchischen Tendenzen d.Gruppenlebens. Neudr.d.2.Aufl.Hrsg.u.mit e.Nachw.vers.von W.Conze. Stuttgart 1957. 548 S. II Ea 19598

Myers,H.A.: Are Men equal? An inquiry into the meaning of American democracy. New York 1955. V Ea 19482

Schöneburg, K.H.: Das Verhältnis des staatlichen Gesetzes zum Naturrecht in der neuthomistischen Rechtsphilosophie. Beitr.zur Kritik an d.imperialist.Rechtsphilosophie in Westdeutschland nach 1945. Halle/S. 1955. 177 S. Halle,Jur.Fak.,Diss.im August 1955I Eb 886

4.Geschichte der Staats-und Rechtstheorie

Glum,F.: Jean Jacques Rousseau. Religion und Staat. Grundlegg e. demokrat.Staatslehre. Stuttgart 1956. 418 S. II Ea 19767

5.Staats-und Rechtsgeschichte

Čulinović,F.: (Staatsrechtliche Geschichte der jugoslawischen Länder im 19.u.20. Jahrhundert,slowen.:) Državnopravna historija jugoslavenskih zemalja XIX.i XX.vijeka. Kn.1.2. Zagreb 1954. 2 Bde Bd 1: 325 S. Bd 2: 425 S. IV Ea 16263

Ehrenberg, V.: Der Staat der Griechen. T.1: Der Hellenische Staat. T.2: Der Hellenistische Staat. Leipzig 1957-58. 2 Bde 1: 122 S. 2: 102 S. I Ea 19720

Schneider,H.: Das ältere Siegerländer Bergrecht. Siegen 1956. 96 S. II Ea 19412

Vietor,M.;G.Železkovová: (Grundsätze des römischen Privatrechts, slowak.:) Základy rímskeho súkromného práva. Bratislava 1957. 191 S. IV Eb 864

6.Völkerrecht und Aussenpolitik

Accioly,H.: Tratado de direito internacional público. 2.[a] ed. Rio de Janeiro 1956. 665 S. V Ea 19583

Ajrapetjan,M.;P.Kabanov: (Die Leninschen Prinzipien der Aussenpolitik der sowjetischen Staaten, russ.:) Leninskie principy vnešnej politiki sovetskogo gosudarstva. Moskau 1957. 220 S. III Ea 19620

Clark,G.;L.B.Sohn: Peace through disarmament and Charter revision. Detailed proposals for revision of the United Nations Charter. Suppl. Dublin 1956. 121 S. V Ea 19655

Erasmus, J.: Der geheime Nachrichtendienst.2.durchges.Aufl. Berlin, Göttingen,Frankfurt 1955. 89 S. II Ea 19635

Der Europäische Öffentliche Dienst.< Künftige Stellg, Ausbildg u. Fortbildg d. europ.Beamten.> Internat.Kolloquium Saarbrücken Nov.1955. Stuttgart 1957. 203,208,15 S. II Ea 19664

The Crime of Genocide. A United Nations Convention-is aimed at preventing destruction of groups and at punishing those responsible. New York 1956. 15 S. V Ea 19373

Geschäftsordnung der Internationalen Arbeitskonferenz. Genf 1957. 44 S. V Ea 20055

Healey,D.: Neutralism. London 1955. 64 S. V Ea 19761

International Law situation and documents 1956. Situation, documents and commentary on recent developments in the International Law of the Sea. By B.Mac Chesney. Vol.51 Washington 1957. 629 S. V Ea 21185

(Internationales öffentliches Recht,slowak.:) Medzinárodné právo verejné. T.1.2. T.1: 257 S. T.2: 494 S. Bratislava 1957.IV Eb 863

Kim Ir-sen: (Über die Ergebnisse der Arbeit d.Regierungsdelegation der Koreanischen Volksdemokratischen Republik,die die UdSSR, die Chinesische VR und die Länder der VD besuchte. Ref.a.d.6.Tagung d. Ob.Volksvertretung der Koreanischen Volksdemokratischen Republik., russ.:) itogach raboty pravitelstvennych delegacij KNDR, posetivšich SSSR,Kitajskuju Narodnuju Respubliku i strany narodnoj demokratii. Doklad na sestoj sessii Verchovnogo Narodnogo Sobranija KNDR. 20 dekabrja 1953 goda. Pjöngjang 1954. 42 S. IV Ea 20367

Kundra, J.C.: Indian Foreign Policy 1947-1954. A study of relations with the western bloc. Groningen 1955. 239 S. V Ea 19683

Langen,E.: Internationale Zahlungsabkommen. Mit e.Einf.von W.Hug. Tübingen 1958. 176 S. II Ea 19754

Müller,A.: Was verbirgt sich hinter EURATOM? Berlin 1958. 47 S. I Ea 19793

Müller,J.: Die Kirche und die Einigung Europas. Dokument. Darlegg. Saarbrücken 1955. 239 S. II Ea 19473

Oppenheim, L.: International Law. A treatise. 8 th ed.,ed.by H. Lauterpacht. Vol.1.Peace. London 1955. 1072 S. V Ea 17912

Pokrowski,G.I.: Der moderne Krieg und die Wissenschaft.(Aus d.Russ.) Berlin 1957. 113 S. I Ea 19648

Protopopov,A.: (Die Sowjetunion in der Organisation der Vereinten Nationen,russ.:) Sovetskij sojuz v organizacii ob'edinennych nacij. Moskau 1957. 210 S. III Ea 19433

Rie,R.: Der Wiener Kongress und das Völkerrecht. Bonn 1957. 173 S. II Ea 19669

Our Rights as human beings. A discussion guide.(Betr.Declaration der Menschenrechte der UN) New York 1955. 72 S. V Ea 19367

Scholten,R.: Die Liquidierung des deutschen Privatvermögens in Spanien im Spiegel des Völkerrechts. Düsseldorf 1957. 90 S. II Ea 19411

Voss,H.: Nordatlantikpakt, Warschauer Vertrag und die Charta der Vereinten Nationen. Berlin 1958. 54 S. I Ea 19624

Weizsäcker,C.F.von: Die Verantwortung der Wissenschaft im Atomzeitalter. (Im Anh.: Erklärung der 18 Atomwissenschaftler vom 12.Apr. 1957) Göttingen 1957. 51 S. II Ea 19369

Wiewióra,B.: (Die polnisch-deutsche Grenze im Lichte des internationalen Rechts, poln.:) Granica polska niemiecka w świetle prawa międzynarodowego. Posen 1957. 220 S. IV Ea 20590

7.Staatsrecht

Berseda,R.V.: (Die Tätigkeit der Dorfsowjets zum Schutze der Rechte der Bürger, russ.:) Dejatel'nost' sel'skich sovetov po ochrane prav graždan. Moskau 1957. 31 S. III Ea 20331

Bražnikov,V.E.: (Die ständigen Kommissionen der ländlichen Sowjets, russ.:) Postojannye komissii sel'skich sovetov. Moskau 1957. 44 S. III Ea 20326

Buecklin g, A.: Zur Frage der Rechtmäßigkeit des politischen Streiks. Eine Kritik an d.herrschenden Lehre. Mayen 1956. 29 S. II Ea 19670

Deutscher Bundestag. 3.Wahlperiode. Zusammensetzung der Ausschüsse des Bundestages. Stand: 1.3.1958. Bonn 1958. 26 S. II Ea 20706

Fedonjuk,K.E.: (Der Deputierte des Dorfsowjets, russ.:) Deputat sel'skogo soveta. Moskau 1957. 69 S. III Ea 20335

Gledhill,A.: Pakistan. The development of its laws and constitution. London 1957. 263 S. V Ea 19656

Von den Grundrechten des Soldaten. Eine Arbeitstagg d.Dt.Bundes f. Bürgerrechte, Freiburg. München 1957. 150 S. II Ea 19526

Hexenjäger, Justiz,Polizei und Unternehmer terrorisieren Adenauers Gegner.(Hrsg.:)Ausschuß für Deutsche Einheit. Berlin 1958. 6 S. I Eb 500

Kremer, K.: Der Abgeordnete zwischen Entscheidungsfreiheit und Parteidisziplin. 2.unveränd.Aufl. München 1956. 112 S. II Ea 19577

Meyer,H.J.: Die Mitwirkungsrechte der Bundesglieder in der Schweizerischen Eidgenossenschaft mit rechtsvergleichenden Hinweisen auf die Vereinigten Staaten von Amerika und die Bundesrepublik Deutschland. Basel 1957. 105 S. II Ea 20512

Gefängnis oder Zivildienst? Stimmen zur Militärdienstverweigerung aus Armee, Öffentlichkeit u.Kirche. Zollikon 1956. 72 S.V Ea 19366

Nedbajlo,P.E.;I.N.Pachomov: (Das Exekutivkomitee des Dorfsowjets, russ.:) Ispolkom sel'skogo soveta. Moskau 1957. 51 S. III Ea 20324

Petrov,G.I.: (Die Arbeitsplanung der örtlichen Sowjets, russ.:) Planirovanie raboty rajonnogo soveta. Moskau 1957. 57 S. III Ea 19565

Potarikina,L.L.;G.F.Rjabčuk: (Die Tätigkeit der Dorfsowjets auf dem Gebiet der Volksbildung des Gesundheitswesens und der sozialen Versorgung, russ.:) Rabota sel'skich sovetov v oblasti narodnogo obrazovanija zdravoochranenija i social'nogo obespečenija. Moskau 1957. 37 S. III Ea 20325

Raznatovskij,I.M.: (Die Dorfsowjets - Organe der Staatsgewalt,russ.:) Sel'skie sovety - organy gosudarstvennoj vlasti. Moskau 1957. 47 S. III Ea 20330

Taranov,A.P.: (Die Aufklärungsarbeit der Dorfsowjets, russ.:) Kulturnoprosvetitel'naja rabota sel'skich sovetov. Moskau 1957. 42 S. III Ea 20328

(Die UdSSR - das Land des siegreichen Sozialismus, russ.:) SSSR - strana pobedivšego socializma. Moskau 1950. 92 S. III Ea 20362

Umanskij,J.N.: (Wie in der UdSSR die Machtorgane gewählt werden, russ.:) Kak vybirajutsaja organy vlasti v SSSR. Moskau 1958. 37 S. III Ea 20580

The United Kingdom. The development of its laws and constitutions. Under the general ed.-ship of G.W.Keeton and D.Lloyd. With spec contributors. England and Wales,Northern Ireland, The Isle of Man. London 1955. 523 S. V Ea 19707

Vasil'ev, V.I.: (Über die Kollektivität in der Arbeit der örtlichen Sowjets, russ.:) O kollektivnosti v rabote mestnych sovetov. Moskau 1957. 60 S. III Ea 19727

Vorschläge der Deutschen Demokratischen Republik zur Wiedervereinigung. (Hrsg.:) Ausschuß für Deutsche Einheit. Berlin 1958. 5 S. I Eb 500

Williams, I.G.: The Rise of the Vice Presidency. Introd.by E.R. Murrow. Washington 1956. 266 S. V Ea 19682

8. Verwaltungsrecht

Becker, W.: Kleines Handbuch des Jugendschutzes. Ein Leitfaden für Lernende und ein Wegweiser für die Jugendhilfe. 2., unveränd.Aufl. Berlin 1957. 192 S. II Ea 19493

Bondy, K.: Probleme der Jugendhilfe. Köln, Berlin 1957. 82 S. II Ea 19457

Ebersberg, H.; P.Gieseke: Der Entwurf des Wasserhaushaltsgesetzes. Die Ergänzung des Wasserhaushaltsgesetzes durch Ländergesetze. Vorträge d.3.Vortragsveranstaltg d.Inst.f.d.Recht d.Wasserwirtschaft am 23.März 1956 geh. München 1957. 64 S. II Ea 19654

Empfiehlt es sich, die verschiedenen Pflichten des Staates zur Entschädigungsleistung aus der Wahrnehmung von Hoheitsrechten nach Grund, Inhalt und Geltendmachung gesetzlich neu zu regeln? Ref.von H.Schäfer u.R.Fischer sowie Thesen, Diskussionsbeitr.u.Beschluß (des 41.Dt.Juristentages in Berlin 1955) Tübingen 1956. 114 S. II Ea 19662

Krüger, H.: Gegen eine Entstaatlichung der öffentlichen Wege. Rechtsgutachten erstattet im Auftr.d.Arbeitsgemeinschaft Güterfernverkehr im Bundesgebiet. e.V. Frankfurt a.M. Bielefeld 1954. 50 S. II Ea 19709

Küttner, L.: Zur Gebiets-, Stadt- und Dorfplanung. Ein Beitr.zur komplexen Planung. Berlin 1958. 399 S. I Ea 19600

9. Finanz-, Steuer-und Preisrecht

Gesamt-Abzugs-Tabelle zum Ablesen aller Abzüge, Lohnsteuer, Kirchensteuer, Sozialversicherungsbeiträge bei monatl., wöchentl.u.tägl. Lohn-u.Gehaltszahlung. Ausg.Berlin. Gültig ab 1.1.1958. Mit ausführl. Erl.in ABC-Form. [Nebst] Erg.Lfg. Berlin 1958. 74 S. II Eb 909

Hansmeyer, K.H.: Der Weg zum Wohlfahrtsstaat. Wandlgn d.Staatstätigkeit im Spiegel d.Finanzpolitik unseres Jahrhunderts. Mit e.Geleitw. von G.Schmölders. Frankfurt/M. 1957. 127 S. II Ea 19552

Rubanovskij, P.N.: (Die Haushalts- und Finanztätigkeit der Dorfsowjets, russ.:) Finansovo-bjudžetnaja rabota sel'skich sovetov. Moskau 1957. 38 S. III Ea 20334

Berufungsentscheidungen in Steuersachen. Berufungsentscheidungen d. Min.d.Finanzen in Steuersachen u.Beschwerdenentscheidgn d.Räte d. Bezirke in Steuerstrafsachen. Ausgew.u.zsgest.von K.Pötzsch.Bd.1. Berlin 1958. 330 S. I Ea 19593

10.Strafrecht,Strafprozeß

Aarvold,C.D.: Crime and punishment. An address... London 1955. 11 S. V Ea 19557

Carlsson,O.C.: Jugendstrafvollzug in Californien. California Youth Authority. Bonn 1957. 224 S. II Ea 19661

Daszkiewicz,W.: (Das Eingreifen des Staatsanwaltes bei im Wege der Privatklage verfolgten Vergehen im polnischen Strafprozeß,poln.:) Ingerencja prokuratora w sprawy o przestępstwa prywatno-skargowe w polskim procesie karnym. Warschau 1956. 195 S. IV Ea 19510

Durmanov,N.D.: (Die Haftentlassung nach sowjetischem Recht, russ.:) Osvoboždenie ot nakazanija po sovetskomu pravu. Moskau 1957. 79 S. III Ea 20333

(Gerichtsreden bekannter russischer Juristen, russ.:) Sudebnye reči izvestnych russkich juristov.Sbornik. 2.izd. Moskau 1957. 871 S. III Ea 19567

Godwin,G.: Crime and social action. London 1956. 277 S. V Ea 19659

Hatala, V.: (Die besonders erschwerenden Umstände im tschechoslowakischen Strafrecht, slowak.:) Obzvlášť priťažujúce okolnosti v československom trestnom práve. Bratislava 1956. 199 S. IV Ea 20083

Hinrichsen,K.: Einführung in das Jugendkriminalrecht. Ein Grundr.f. Ausbildg u.Praxis im Jugendwohlfahrts-u.Justizdienst.Berlin 1957. 212 S. II Ea 19574

Hinüber,O.L.von: Strafrecht.< 65 Fälle mit Lösgn.> Neubearb.Aufl. Stuttgart, Düsseldorf 1955. 115 S. II Ea 19698

Jäger, H.: Strafgesetzgebung und Rechtsgüterschutz bei Sittlichkeitsdelikten. Eine kriminalsoziolog. Untersuchg. Stuttgart 1957. 125 S. II Ea 19784

Jescheck,H.H.: Das Menschenbild unserer Zeit und die Strafrechtsreform. Tübingen 1957. 40 S. II Ea 19660

Kurinov,B.A.: (Die strafrechtliche Verantwortlichkeit für Nichteinhaltung der Verkehrsregeln im Autoverkehr, russ.:) Ugolovnaja otvetstvennost'za narušenie pravil dviženija na avtotransporte. Moskau 1957. 139 S. III Ea 19618

Kuznecova,N.F.: (Fragen des Allgemeinen Teils des Strafrechts der Deutschen Demokratischen Republik, russ.:) Voprosy obščej časti ugolovnogo prava Germanskoj Demokratičeskoj Respubliki. Moskau 1957. 44 S. III Ea 19429

Nelson,A.: Haefte. Simple detention. En studie over anvendelsen of privelegeret frihedsstraf. Under medv.of E.Christensen og K.Seibach. Kopenhagen 1954. 72 S. V Eb 474

Prenosil,G.: (Der Schutz des sozialistischen Eigentums nach dem tschechoslowakischen Strafrecht, tschech.:) Ochrana socialistického vlastnictví podle československého trestního práva. Prag 1957. 63 S. IV Ea 20053

Renneberg,J.: (Die objektive Seite des Verbrechens, russ.:) Ob-ektivnaja storona prestuplenija. Moskau 1957. 87 S. III Ea 19637

Statistik der Bundesrepublik... Die Abgeurteilten und Verurteilten 1955. < Ergebnisse d.Strafverfolgungsstatistik > Stuttgart 1957. 155 S. II Eb 485

Würtenberger,T.: Die geistige Situation der deutschen Strafrechtswissenschaft. Karlsruhe 1957. 99 S. II Ea 19650

11.Kriminalistik,Gerichtliche Medizin,Gerichtspsychiatrie,-psychologie

Anton,A.: Die klinische und forensisch-psychiatrische Beurteilung pathologischer Rauschzustände. Halle/S. 1958. 94 S. I Ea 19717

Borelli,S.;W.Starck: Die Prostitution als psychologisches Problem. Berlin,Göttingen,Heidelberg 1957. 271 S. II Ea 19768

Gilen,L.: Das Gewissen bei Jugendlichen. Psycholog.Untersuchung. Göttingen 1956. 110 S. II Ea 19630

Gruhle,H.W.: Gutachtentechnik. Berlin, Göttingen,Heidelberg 1955. 66 S. II Ea 19320

Heilen statt strafen. Ein Tagesbericht,hrsg.von W.Bitter. Göttingen 1957. 375 S. II Ea 19626

Koldin,V.J.: (Die Identifizierung bei der Durchführung kriminalistischer Expertisen, russ.:) Identifikacija pri proizvodstve kriminalističeskich ekspertiz. Moskau 1957. 149 S. III Ea 19619

Svensson,A.;O.Wendel: Tatortsuntersuchung. Moderne Methoden d.Verbrechensaufklärg. Dt.Bearb.u.Übers. Th.Mommsen. Lübeck 1956. 365 S. II Ea 19629

12.Gerichtsverfassung(einschließlich Staatsanwaltschaft, Justizverwaltung,Notariat,Anwaltschaft)

Görner,K.: Schöffen und Volksgericht. Vom Laienrichtertum im kapitalist.Staat zur umfassenden Teilnahme d.Werktätigen an d.Rechtsprechg in d.DDR. Berlin 1958. 142 S. I Ea 19715

Gudošnikov,L.M.: (Die Gerichtsorgane der Chinesischen Volksrepublik, russ.:) Sudebnye organy Kitajskoj Narodnoj Respubliki. Moskau 1957. 134 S. III Ea 19774

Mel'nik,E.F.: (Notarielle Handlungen der Dorfsowjets, russ.:) Notarial'nye dejstvija sel'skich sovetov. Moskau 1957. 55 S. III Ea 20327

Tadevosjan,V.S.: (Die sowjetische Justiz und der Schutz der Rechte der Bürger der UdSSR, russ.:) Sovetskoe pravosudie i ochrana prav graždan SSSR. Moskau 1957. 39 S. III Ea 20446

13.Zivilrecht

Zulässigkeit und Wirkung von Allgemeinen Geschäftsbedingungen. Streitgespräch. Tübingen 1956. 43 S. II Ea 19663

Casner,A.J.: Estate Planning. Cases, statutes, text and other materials. 2.Aufl. [Nebst] Suppl. Boston,Toronto 1956. 1137 S. Suppl.1957. 117 S. V Ea 19424

Helle, E.: Der Schutz der persönlichen Ehre und des wirtschaftlichen Rufes im Privatrecht. Vornehml.auf Grund d.Rechtsprechg. Tübingen 1957. 170 S. II Ea 19666

Jaeckle,R.: Grundsätze des englischen Zivilrechts. 2.Aufl. Frankfurt a.M. 1957. 39 S. II Ea 19806

Lent,F.: Sachenrecht. Ein Studienbuch. 6.,durchges.u.erg.Aufl. München,Berlin 1957. 257 S. II Ea 19753

Mantzoufas,G.A.: Über griechisches Privatrecht. Rechtsmissbrauch. Clausula rebus sic stantibus. Heutige Kreditverträge. Eherecht.Unehel.Kinder.Retentio der Arbeit. Ordentl.Kündigg u.Rechtsmissbrauch. Gleichbehandlg d.Arbeitnehmer. Internat.Privatrecht. Die österr.Vorlagen d.moldauischen Codex Civilis. 8 Vorlesgn. Geh.an d. Rechts-u. Staatswiss.Fak.d.Univ.Innsbruck im Sommersem.1955. Athen 1956. 152 S. V Ea 19652

Möllers,E.: Teilzahlungsfinanzierung. Rechtsformen u.Rechtsfragen. München, Berlin 1957. 101 S. II Ea 19697

Ripert,G.;J.Boulanger: Traité de droit civil d'après le traité de Planiol. Tome 1.2. Paris 1956-1957. 2 Bde Bd 1: 1067 S.Bd 2: 1150S. V Ea 19665

Weisl,G.: Der Trust und seine Einführung ins österreichische Recht. Wien, 1951. 85 S. V Ea 19311

Weyrauch,M.H.: Richardson on contracts. Brooklyn, New York 1951. 348 S. V Ea 19712

14.Urheber-und Erfinderrecht

Gamm, O.F.von: Grundfragen des Filmrechts. Berlin 1957. 104 S. II Ea 19694

Grzybowski,S.: (Erfinderrecht, poln.:) Prawo wynalazcze. Zarys wykładu ważniejsze teksty objaśnienia. Warschau 1956. 286 S. IV Ea 19595

Ulmer,E.: Der Rechtsschutz der ausübenden Künstler, der Hersteller von Tonträgern und der Sendegesellschaften in internationaler und rechtsvergleichender Sicht. Bericht u.Studie über d.Bern-UNESCO-Entw.e.internat.Vereinbarg. München, Berlin 1957. 97 S.II Ea 19752

15.Vertragssystem und vertragsgerichtliches Verfahren

Hochberg,L.;B.Ołomucki: (Die Wirtschaftsarbitrage. Betrachtgn auf d. Grundlage d.Praxis d.Wirtschaftsarbitrage d.UdSSR, poln.:) Arbitraz gospodarczy. Uwagi na tle praktyki arbitrazu gospodarczego w ZSRR. Warschau 1950. 90 S. IV Ea 16644

16.Handelsrecht,Wertpapierrecht,Kartell-und Wettbewerbsrecht

Vorschläge zur Aktienrechtsreform d.Arbeitskreises Aktienrechtsreform im Inst.d.Wirtschaftsprüfer in Deutschland e.V. Düsseldorf 1956. 92 S. II Ea 19581

Anti-Trust Laws.A comparative symposium. W.Friedmann,ed. London 1956. 635 S. V Ea 19657

Bartoš,M.;Z.Antonijević;V.Jovanović: (Wechsel- und Scheckrecht, slowen.:) Menično i čekovno pravo. Belgrad 1953. 307 S. IV Ea 15900

Bussmann,K.;H.Droste: Werbung und Wettbewerb im Spiegel des Rechts. Essen 1951. 195 S. II Ea 19757

Dahrendorf,G.: Genossenschaft als Aufgabe und Verpflichtung. Nach e. auf d.Verbandstagen d.badisch-württemberg.u.d.südwestdt.Konsumgenossenschaften im Mai 1954 geh.Vortr. Hamburg 1954. 26 S. II Ea 19537

Neflin, H.: Das Recht des Auslandsvertreters. Ein Beitr.zur prakt. Gestaltg d.Rechtsbeziehgn d.dt.Unternehmers zu seinen Auslandsvertretern. Düsseldorf 1957. 83 S. II Ea 19349

Stritzke,O.: Materialien zur Genossenschaftsfrage. München 1954. 48 S. II Ea 19804

Warneyer: Der Protest.Vorschläge u.Muster f.d.Erhebg von Wechsel-u. Scheckprotesten. 4.Aufl. Bearb.von H.v.Rauschenplat. Köln,Berlin 1957. 108 S. II Ea 19693

17.LPG-Recht, Bodenrecht,Landwirtschaftsrecht

Aksenenok,G.A.: (Das Recht der sozialistischen Bodennutzung der Kollektivwirtschaften, russ.:) Pravo socialističeskogo zemlepol'zovanija kolchozov. Moskau 1955. 101 S. III Ea 21202

Der Freie Bauer antwortet auf Fragen zur Arbeit und Festigung der Landwirtschaftlichen Produktionsgenossenschaften. Zsgest.u.bearb. von H.Spieckermann. Berlin 1958. 227 S. I Ea 19748

Bergmann,T.: Soziale Sicherung und landwirtschaftliche Bevölkerung. Unterlagen f.e.internat.Vergleich. Bonn 1956. 100 S. II Eb 470

Braude,I.L.: (Rechtsfragen des individuellen Wohnungsbaues, russ.:) Pravovye voprosy individual'nogo žiliščnogo stroitel'stva.(Betr.: Sowchosen u.MTS) Moskau 1957. 103 S. III Ea 21183

Fábry, V.: (Zur Frage des Bestehens eines tschechoslowakischen Bodenrechts, tschech.:) K otázce existence československého pozemkového práva. Prag 1956. 39 Bl. IV Eb 840

Gataullin,M.F.: (Die Agrarverhältnisse in Syrien, russ.:) Agrarnye otnošenija v Sirii. Moskau 1957. 132 S. III Ea 19843

Guerric,R.: Lo'Exploitant agricole devant l'impôt. Préf.de M.Ferré. Paris 1954. 307 S. V Ea 19390

Heuer,K.: Der Genossenschaftsbauer und sein Recht. Berlin 1958. 82 S. I Ea 19791

Juglart,M.de: L'Exploitation rurale. Préf. de J.de la Morandière. Paris 1949. 251 S. V Ea 19632

Kazancev,N.D.: (Die gesetzgebenden Grundlagen der Bodenverhältnisse in der Volksrepublik Polen, russ.:) Zakonodatel'nye osnovy zemel'nych otnošenij v Pol'skoj Narodnoj Respublike. Moskau 1956. 46 S. III Ea 21192

(Über die weiteren Kampfesmaßnahmen der Arbeiterpartei für eine schleunige Wiederherstellung und Entwicklung der Landwirtschaft, russ.:) O merach dal'nejšej bor'by trudovoj partii za bystrejšee vosstanovlenie i razvitie sel'skogo chozjajstva. Pjönjang 1954. 194 S. IV Ea 20353

(Sammlung von Gesetzen,Verordnungen u.Vorschriften u.a.der Landwirtschaftlichen Produktionsgenossenschaften, bulgar.:) Sbornik zakoni, postanovlenija, pravilnici i dr.po TKZS. Sofija 1956. 442 S. IV Ea 16922

Fragen der Ökonomie und der Organisation in den MTS, LPG und VEG. Von e.Koll.bulgar.Agrarwissenschaftler. Übers.aus dem Bulg. Berlin 1958. 295 S. I Ea 19623

Pokrovskij,I.F.: (Die MTS - der Stützpunkt der staatlichen Leitung der Kollektivwirtschaften, russ.:) MTS - opornyj punkt gosudarstvennogo rukovodstva kolchozami. Moskau 1957. 97 S. III Ea 19725

Pouillot,P.J.: Assurances sociales agricoles. Paris 1953. 153 S. V Ea 19741

Pouillot,P.J.: Prestations familiales agricoles. Paris 1952. 112 S. V Ea 19391

(Die neuen Wege des polnischen Dorfes. Ausschnitte aus d.Disk.auf d.1.Landestreffen d.Produktionsgenossenschaften, poln.:) Nowe drogi wsi polskiej. Fragmenty dyskusji na pierwszym krajowym zjeździe spółdzielczosci produkcyjnej. Red.H.Suszko. Warschau 1953. 121 S. IV Ea 16652

RdL-Sammelregister. Recht der Landwirtschaft. Jg 1-6 < 1949-1954 >. Zsgest.von D.Wöhrmann. Hamburg 1955. 206 S. II Ea 18923

Soziale Sicherung auf dem Lande. Ihre Grundlagen und Erscheinungsformen in der Landwirtschaft. Zsfassende Ber.u.Auszüge aus 13 Regionaluntersuchgn in der Bundesrepublik 1954/55. Veröff.d. Forschgsstelle f.Agrarpolitik u.Agrarsoziologie e.V., Bonn. Hamburg, Berlin 1957. 124 S. II Ea 19494

Vogel,G.: Agrarpolitik der Monopole. Die Rolle d.Landwirtschaft in d.imperialist. Plänen d.Monopole in Westdeutschland. Berlin 1957. 215 S. I Ea 18951

Zacharias,H.: Buchführung und Kontrolle in den Landwirtschaftlichen Produktionsgenossenschaften. Berlin 1957. 320 S. I Ea 19625

18.Familienrecht

Flatten,H.: Irrtum und Täuschung bei der Eheschließung nach kanonischem Recht.(Im Anhang: Irrtum u.Täuschung im Eherecht der europäischen Staaten.) Paderborn 1957. 77 S. II Ea 19830

Glässing, H.: Voraussetzungen der Adoption. Eine rechtspolit.u.rechtsvergl.Studie. Frankfurt/M.,Berlin 1957. 139 S. II Ea 19704

Konstantinov,Dr: (Ehe und Familie, bulg.:) Brak i semejstvo. Sofija 1956. 53 S. IV Ea 16827

19.Zivilprozeß und Freiwillige Gerichtsbarkeit

Union Internationale des Avocats. Arbitrage international commercial.International commercial arbitration. Rapporteur P.Sanders. Paris 1956. 483 S. V Ea 19420

Avdeenko,N.I.;O.N.Stepanova;N.A.Čečina: (Sammlung von Aufgaben zum sowjet.Zivilprozeß, russ.:) Sbornik zadač po sovetskomu graždanskomu processu. Leningrad 1954. 127 S. III Ea 10020

Bonin,P.: Der Prozeßvergleich unter besonderer Berücksichtigung seiner personellen Erstreckung. Stuttgart 1957. 184 S. II Ea 19765

Fijałkowski,H.: (Wie sind Streitigkeiten auf dem Dorfe zu regeln, poln.:) Jak załatwiać spory na wsi. Warschau 1957. 93 S. IV Ea 16687

Ring,M.: (Fragen des Zivilprozesses in der Praxis des Obersten Gerichts der UdSSR, russ.:) Voprosy graždanskogo processa v praktike verchovnogo suda SSSR. Moskau 1957. 274 S. III Ea 19728

Steiner,V.: (Das Zivilprozeßrecht in der Gerichtspraxis, tschech.:) Občanské právo procesní v praxi soudu. Prag 1958. 396 S. IV Ea 20508

(Der sowjetische Zivilprozeß,russ.:) Sovetskij graždanskij process. Moskau 1956. 438 S. III Ea 20067

20.Arbeits-und Sozialrecht incl.Verfahren

Abramova,A.A.: (Renten für Familien, die ihren Ernährer verloren haben, russ.:) Pensii sem'jam ,poterjavšim kormil'ca. Moskau 1957. 101 S. III Ea 20200

Zu aktuellen Problemen der Arbeitsökonomik. Kollektivarbeit unter Leitg von H.Thalmann. Berlin 1957. 244 S. I Ea 19082

(Das tschechoslowakische Arbeitsrecht,tschech.:) Československé pracovné právo. Bratislava 1956. 533 S. IV Ea 20082

Avsenev,M.: (Wie die Arbeit der Werktätigen in den kapitalistischen Ländern bezahlt wird, russ.:) Kak oplačivaetsja trud rabočich v kapitalističeskich stranach. Moskau 1956. 71 S. III Ea 17309

Verordnung über den Betriebsprämienfonds sowie den Kultur- und Sozialfonds mit der Ersten Durchführungsbestimmung, Erl.u.Empfehlgn. Berlin 1957. 71 S. I Ea 19523

Industriegewerkschaft Metall für die Bundesrepublik Deutschland. Die Betriebsversammlung. Frankfurt/M. 1956. 73 S. II Ea 19334

Bley, H.: Bedeutung und Aufgaben der betrieblichen Qualifizierung der Arbeiter. Berlin 1957. 150 S. I Ea 18810

180000 Eisen- und Stahlarbeiter im Ruhrgebiet ab 1.Febr.tariflos. (Hrsg: Ausschuß f.Deutsche Einheit.) Berlin 1958. 4 S. I Eb 901

Erdmann, G.: Konstruktive Zusammenarbeit mit den Gewerkschaften. Köln 1956. 4 Bl. II Eb 97

Fundheller, H.; G.Röhler: Wie kann der Krankenstand gesenkt werden? Berlin 1957. 57 S. I Ea 19021

Garbuzov, S.E.: (Über die Arbeitsehre des Arbeiters, russ.:) O trudovoj česti rabočego. Moskau 1956. 31 S. III Ea 18854

Gintowt, M.; J.Grzeszyk: (Entscheidungen des Obersten Gerichts, die Verantwortlichkeit der Werktätigen bei Fehlbeträgen < Manko > betreffend, poln.:) Orzecznictwo sądu najwyższego w sprawach odpowiedzialności cywilnej pracowników z tytułu niedoborów <mank >. Warschau 1958. 34 S. IV Ea 21086

Handbuch für den Arbeitsschutz. Hrsg.vom Min.f.Arbeit u.Berufsausbildg d.Reg.d.DDR, Bereich Arbeitsschutz. Bearb.von F.Wiehle u.a. 3.,überarb.u.erw.Aufl. Berlin 1958. 984 S. I Ea 19858

Hogan, J.D.; A.J.Ianni: American Social Legislation. New York 1956. 713 S. V Ea 19484

Human Relations in industry. Die menschlichen Beziehungen in der Industrie. Beobachtg e.dt.Studiengruppe in USA. München 1956, 103 S. II Ea 19705

Injutin, G.K.: (Das Recht auf Umrechnung der Renten, russ.:) Pravo na pererasčet pensii. Moskau 1956. 56 S. III Ea 18966

Kuhnke, H.H.: Soziale Auswirkungen der Technik. Köln 1956. 4 S. II Eb 97

Kurth, J.: Geschichte der Gewerkschaften in Deutschland. Hannover, Frankfurt/M. 1957. 135 S. II Ea 19500

Langer, K.A.: Die Mankohaftung. Hamburg 1957. 96 S. II Ea 19628

Laporte, A.: L' Assistance publique et privée en France. A jour au 1 er jamvier 1952. Paris 1952. getr.Pag. Suppl.1956 V Eb 495

Macher, F.: Die erweiterte Reproduktion der Arbeitskraft in der Deutschen Demokratischen Republik, die Quellen und Reserven der Versorgung der Volkswirtschaft mit Arbeitskräften. Berlin 1957. 41 S. I Ea 18532

(Die Vermögensverantwortlichkeit für Manki, tschech.:) Majetková odpovednost za manka. Prag 1957. 215 S. IV Ea 20223

Marx, K.T.: Die Städte zur Neuordnung der sozialen Leistungen. Der 9.Hauptversammlg d.Dt.Städtetages vorgelegt. (Stuttgart, Köln 1956. 128 S. II Ea 19631

Mechler,H.: 1000 Arbeiter, 1000 Unternehmer.Soziales Management im Betrieb. Stuttgart 1956. 294 S. II Ea 19328

Michel,E.: Sozialgeschichte der industriellen Arbeitswelt, ihrer Krisenformen u.Gestaltungsversuche. Mit Beitr.von G.Wirsing, H.Dubreuil u.E.Little. 3.,neu bearb.u.erw.Aufl. Frankfurt a.M. 1953. 357 S. II Ea 19796

Mücher,G.: Lebensstandard und Lebensniveau. Die Entwicklung d.Arbeitseinkommen u.Verbrauchsgewohnheiten. Aachen, Jg 1956,H.3, S.177-201 aus: Erbe u.Entscheidung. II Ea 19828

NJW - Fundhefte. Syst.Nachw.d.dt.Rechtpr.Zsaufs.u.selbständigen Schriften. 5.Abt. Arbeitsrecht,Bd 2: 1.Juli 1953-31.Dez.1955.Bearb. von W.Heimeier. München, Berlin 1956. 307 S. II Eb 131

Oberwinster,G.;O.Gotzen; W.Doetsch: Die Rentenreform. Das neue Leistungs- u.Beitragsrecht d.Rentenversichergn f.Arbeiter u.Angest. < mit Berechnungsbeisp.>. 3.durchges.Aufl. Berlin 1957. 186 S. II Ea 19634

Partnerschaft hat sich bewährt. Presseberichte über die Tagung der AGP in Bad Soden am 12.April 1956. o.O.1956. 16 S. II Eb 382

Paulssen,H.C.: Solidarität in der Lohn-und Arbeitszeitfrage. Köln 1956. 4 Bl. II Eb 97

Paulssen,H.C.: Die Werkzeitung im Dienst des sozialen Friedens. [Auszug aus] einem Vortrag ... [geh.] auf e.Arbeitstagg d.Pressestelle der hessischen Kammern u.Verbände in Bad Soden. Köln 1955. 4 Bl. II Eb 97

Plassmann,N.: Der Urlaub. Stuttgart,München,Hannover 1956. 62 S. II Ea 19528

Reinhardt,R.;W.König: Richter und Rechtsfindung. 2 Vortr.,geh.auf d.Verbandsausschußsitzg d.Dt.Arbeitsgerichtsverbandes e.V. am 3.11. 1956 in Frankfurt a.M. München, Berlin 1957. 46 S. II Ea 19266

Richter,W.: DGB zur Sozialreform. Neuordng d.Rentenversicherg. Bearb. Düsseldorf 1956. 39 S. II Ea 19836

Sachse,E.: Was bringt die Automatisierung den Arbeitern in den kapitalistischen Ländern? Berlin 1957. 84 S. I Ea 18811

Sonntag,E.: Was gibt dir deine Gewerkschaft? Berlin 1958. 77 S. I Ea 19848

Denkschrift der Arbeitsgemeinschaft selbständiger Unternehmer zur Sozialreform. Bonn 1956. 55 S. II Eb 482

Steinmann,G.;H.Goldschmidt: Gewerkschaften und Fragen des kollektiven Arbeitsrechts in Großbritannien, Frankreich, Belgien,den Niederlanden u.Italien. Stuttgart 1957. 146 S. II Ea 19258

Swayzee,C.O.: Contempt of court in labor injunction cases. New York 1935. 145 S. Ea 19766

Tatur,S.K.: (Die Analyse der Erfüllung des Arbeitsplanes u.des Arbeitslohnes in den Industriebetrieben, russ.:) Analizvypolnenija plana po trudu i zarabotnoj plate na promyšlennom predprijatii. Moskau 1955. 47 S. III Ea 15372

Thomas,F.: Die neuen Urlaubsgesetze. Dortmund 1950. 95 S. II Ea 19553

Urbanec,A.;J.Kotek: (Der Erholungsurlaub, tschech.:) Dovolená na zotavenou. 4.Aufl. Prag 1957. 170 S. IV Ea 18861

Weddigen, W.: Grundzüge der Sozialpolitik und Wohlfahrtspflege. Stuttgart 1957. 241 S. II Ea 19785

21.Internationales Privatrecht

Blagojević,T.: (Internationales Privatrecht, slowen.:) Medunarodno privatno pravo. Belgrad 1950. 898 S. IV Ea 15901

Cardahi,C.: Les Conditions générales de la vente en droit comparé occidental et oriental. Bayreuth 1945. 213 S. II Ea 19756

Gavalda,C.: Les Conflicts dans le temps en droit international privé. Préf.de H.Batiffol. Paris 1955. 430 S. V Ea 19270

Incoterms 1953. Internationale Regeln f.d.Auslegg d.handelsübl.Vertragsformeln. Ein Komm.unter bes.Berücks.d.Revision d.Incoterms 1936 < mit engl.Original-Fassg u.franz.Übersetzg > von U.Scharlibbe. Hamburg 1954. 172 S. II Ea 19700

L'Unification du droit. Unification of law. Aperçu général des travaux pour l'unification de droit privé < Projets et conventions >. A general survey of work for the unification of private law < drafts and conventions >. Vol.1.3. Vol.1: 1948.821 S. Vol.3:1954. 783 S. Rom 1948-1954. V Eb 851

Lalive,P.A.: The Transfer of chattels in the conflict of laws. A comparative study. Oxford 1955. 200 S. V Ea 18938

Trammer,H.: (Abriß der Problematik des internationalen Zivilprozesses der kapitalistischen Staaten, poln.:) Zarys problematyki międzynarodowego procesu cywilnego państw kapitalistycznych. Warschau 1956. 127 S. IV Ea 20307

Wiebringhaus,H.: Das Gesetz der funktionellen Verdoppelung. Beitr. zu e.universalist.Theorie d.Internationał-privat-u.Völkerrechts. Mit e.Vorw.von G.Scelle. 2.Aufl. Saarbrücken 1957. 157 S. II Ea 19409

22.Festschriften

Hans-Otto de Boor zum Gedenken. Anspr.u.Reden geh.bei d.Gedächtnisfeier d.Rechts-u.Staatswiss.Fak.d.Georg-August-Univ.zu Göttingen am 29.6.1956 von G.Erler,W.Weber,E.Ulmer,K.Michaelis. Göttingen 1957, 36 S. II Ea 19539

(Festschrift zu Ehren Julian Makowskis aus Anlaß seiner 50 jährigen Lehrtätigkeit,poln.:) Księga pamiątkowa ku czci Juliana Makowskiego z okazji 50-lecia pracy naukowej. Warschau 1957. 278 S.IV Ea 20471

Festschrift zum 70.Geburtstag von W.Schmidt-Rimpler. Unter Mitw.von Freunden u.Kollegen hrsg.von d.Rechts-u.Staatswiss.Fak.d.Rhein. Friedrich Wilhelms-Univ.Bonn. Karlsruhe 1957. 429 S. II Ea 19651

Festschrift zur 500-Jahrfeier der Universität Freiburg. Aus der Geschichte der Rechts-und Staatswissenschaften zu Freiburg i.Br. Mit e.Vorw.von Th.Würtenberger. Hrsg.von H.J.Wolff. Freiburg i.Br. 1957. 145 S. II Ea 19759

L'Homme devant l'humain. Etudes de psychologie et de Psychopathologie. [Festschrift für] E.de Greef à l'occasion des 25 ans du professorat. T.2. Louvain 1956. 212 S. V Ea 18672

Ein Leben im Dienst der Bibliothek.Festgabe für H.Ziegler zu seinem 70.Geb. am 13.11.1957. Zsgest.v.E.Zunker. Greifswald 1957. 36 S. I Ea 20507

Sociologica. Aufsätze, M.Horkheimer z.60. Geburtstag gewidmet. Hrsg. T.W.Adorno u.W.Dirks. Frankfurt/M. 1955. 470 S. II Ea 19548

Tarlé- Gedenkschrift. (Aus der Geschichte der gesellschaftlichen Bewegungen und der internationalen Beziehungen, russ.:) Iz istorii obščestvennych dviženij i meždunarodnych otnosenij. Sbornik statej v pamjat' E.V.Tarlé. Moskau 1957. 736 S. III Eb 492

Wirtschaftsfragen der Freien Welt. Hrsg.von E.v.Beckerath, F.W.Meyer, A.Müller-Armack. 2.Aufl.[Festschrift f.L.Erhard] Frankfurt/M.1957. 633 S. II Ea 18387

23.Juristische Ausbildungs-und Prüfungsfragen

Brintzinger,O.L.: Fachgruppe Rechtswissenschaften im Verband Deutscher Studentenschaften. Memorandum zu einer juristischen Studien- und Ausbildungsreform. Wiesbaden 1956. 32 S. II Ea 19674

III.Sonstiges

Antonišin,V.N.: (Die Kommunistische Partei der Sowjetunion im Kampfe um die Schaffung einer sowjetischen Volksintelligenz, russ.:) Kommunističeskaja partija sovetskogo sojuza v bor'be za sozdanie sovetskoj narodnoj intelligencii. Moskau 1957. 47 S. III Ea 20437

Chalasinski, J.: (Fragen der Kultur im Kapitalismus. Studien u. Skizzen, poln.:) Z zagadnien kultury kapitalizmu. Studia i szkice. Lódz 1953. 185 S. IV Eb 732

Kitaj. China.La Chine. [Abb.](Ed.by China Pictorial) [Chin.,Russ., engl.franz.] [Peking um 1955] 52 Bl. IV Eb 670

Europa - Erbe und Aufgabe. Internat.Gelehrtenkongress Mainz 1955. Hrsg.u.eingel.von M.Göhring. Wiesbaden 1956. 339 S. II Ea 19329

Geevski,I.A.(Gejewski,I.A.): Die Rassenpolitik des amerikanischen Imperialismus. (Aus d.Russ.übers.) Berlin 1956. 302 S. I Ea 18905

Welchen Weg wollen wir gehen? Hochschulprogramm d.FDJ. Berlin 1958. 7 S. I Eb 866

Jahrbuch der Deutschen Akademie der Wissenschaften zu Berlin. 1955. Berlin 1957. 301 S. I Ea 19724

Jegorow,F.G.: Militärpsychologie. [Aus d.Russ.] übers.u.bearb.von P. Klemm. Berlin 1957. 379 S. I Ea 19503

John,E.: Probleme der Kultur und der Kulturarbeit. Berlin 1957. 360 S. I Ea 19246

Kaftanov, S,V.: (Das Aufblühen der sozialistischen Kultur im 6. Planjahrfünft, russ.:) Rascvet socialističeskoj kul'tury v šestoj pjatiletke. Moskau 1956. 38 S. III Ea 15135

Kaftanow,S.V.: (Die Blütezeit der Kultur der Völker der UdSSR. < Zum 40.Jahrestag der Großen Sozialistischen Oktoberrevolution >, russ.:)Rascvet kul'tury narodov SSSR. < K 40-letiju Velikoj Oktjabrskoj revoljucii >. Moskau 1957. 30 S. III Ea 20579

Korolev,F.F.: (Die Fortschritte der Volksbildung in der UdSSR in den letzten 40 Jahren, russ.:) Uspechi narodnogo obrazovanija v SSSR za 40 let. Moskau 1957. 46 S. III Ea 20413

Kosel,G.: Produktivkraft Wissenschaft. Berlin 1957. 146 S. I Ea 19197

Krause,K.W.: Justitia und ihre Trabanten. Darmstadt 1955. 189 S. II Ea 18331

Lucenko,V.K.: (Der Moskauer Kreml, russ.:) Moskovskij Kreml'. Moskau 1957. 31 S. III Ea 20316

Mikeladze,I.S.: (Das Aufblühen der Ökonomik und Kultur der Grusinischen SSR, russ.:) Rascvet ekonomiki i kul'tury Gruzinskoj SSR. Moskau 1958. 46 S. III Ea 20477

Pipping,K.;R.Abshagen;Anne Eva Brauneck: Gespräche mit der deutschen Jugend. Ein Beitrag zum Autoritätsproblem. Kopenhagen 1954. 437 S. V Ea 19138

Sapargaliev,G.: (Der Sowjetstaat im Kampf um die Entwicklung der sozialistischen Kultur in Kasachstan, russ.:) Sovetskoe gosudarstvo v bor'be za razvitie socialističeskoj kul'tury v Kazachstane. Alma-Ata 1957. 141 S. III Ea 19038

Suchomlinskij,V.A.: (Erziehung zur Arbeit in den Dorfschulen. < Erfahrungen des pädagogischen Kollektivs der Mittelschule in Pawlyschek.>, russ.:) Trudovoe vospitanie v sel'skoj škole.< Iz opyta raboty pedagogičeskogo kollektiva Pavlysskoj srednej školy.> Moskau 1957. 31 S. III Ea 20453

Timofeev,T.: Die Neger der USA im Kampf für Freiheit. Die Negerbewegung in den Vereinigten Staaten von Amerika nach dem Zweiten Weltkrieg, russ.:) Negry SŠA v.bor'be za svobody.Negritjanskoe dviženie v Soedinennych Štatach Ameriki posle vtoroj mirovoj vojny. Moskau 1957. 178 S. III Ea 19028

Volkov,A.A.: (Die Weiterentwicklung der Körperkultur und des Sports in der UdSSR, russ.:) Za dal'nejšee razvitie fizičeskoj kultury i sporta v SSSR. Moskau 1956. 31 S. III Ea 15334

Wagner,F.: Wissenschaft in unserer Zeit. Köln,Graz 1957. 101 S.
II Ea 19267

Water Conservancy in New China. Compiled by the Ministry of Water Conservancy People's Republic of China. [chin.u.engl.]
Shanghai 1956. o.Pag. IV Eb 739

Women of new Korea. Pjönjang 1955. 131 S. IV Ea 20359

Živejnov,N.: (Die kapitalistische Presse der USA, russ.:)
Kapitalističeskaja pressa SŠA. Moskau 1956. III Ea 17282

D. ÜBERSETZUNGEN AUS DER ZEITSCHRIFT "SOVETSKOE GOSUDARSTVO I PRAVO" 1)

Inhaltsverzeichnis von 1958, Heft 2:

Artikel

Ein wichtiger Beitrag für die Sache des Friedens. Betr.: Friedenspolitik der SU, insbes. Friedensappell des Obersten Sowjet vom 6.Nov.1957 an alle Völker der Welt. S.3 - 10

Pobežimov, I.F. (Pobeshimow, I.F.): 40 Jahre bewaffnete Streitkräfte des Sowjetstaates. S.11 - 21

Baranov, I.E.: Fragen der Festigung der Vertragsdisziplin. S.22-34

Šapiro, R.B.; G.S. Al'tšuller (Schapiro, R.B.; G.S. Altschuller): Zu einigen Fragen des sowjetischen Erfinderrechts. S.35 - 44

Grigor'ev, V.K. (Grigorjew, W.K.): Die Kodifikation der sowjetischen Bodengesetzgebung und einige Fragen der Theorie des Bodenrechts. S.45 - 53

Šifman, M.L. (Schifman, M.L.): Die Übergabe andas Gericht im sowjetischen Strafprozeß. S.54 - 61

Koževnikov, F.I. (Koshewnikow, F.I.): Die Vorbehalte bei der Anerkennung der Verbindlichkeit der internationalen Gerichtsbarkeit. S.62 - 70

Lebovič, M.F. (Lebowitsch, M.F.): Die Räte in Ungarn im Jahre 1919. S.71 - 81

Lukin, P.I.: Über die reaktionären bürgerlichen Konzeptionen von den Quellen des Völkerrechts. S.82 - 89

Usenin, V.I. Die arbeiterfeindliche Tätigkeit der Organe der österreichischen Justiz. S.90 - 99

Heinrich Brandweiner - Träger des Internationalen Lenin-Friedenspreises. S.100-101

Vorschläge zur Vervollkommnung der Gesetzgebung

Berdičevskij, N.G. (Berditschewskij, N.G.): Über die Kodifikation der Haushalt-Gesetzgebung der UdSSR. S.102-110

Mitteilungen und Bemerkungen

Astanovskij, B.I.: Einige Fragen der gerichtlichen Feststellung juristischer Tatsachen. S.111-115

1) Die hier angezeigten Artikel werden laufend übersetzt und sind gemäß der Benutzungsordnung der Bibliothek des Deutschen Instituts für Rechtswissenschaft ausleihfähig.

Zil'berštejn,N.L.(Silberschtejn,N.L.): Das musikalische Werk als Objekt des Urheberrechts. S.116-118

Afanas'ev,I.F.(Afanasjew,I.F.): Einige Fragen der Beweiswürdigung durch das Gericht zweiter Instanz. S.119-126

Rezensionen

Kalenov,J.A.;G.P.Toropov;I.G.Sapožnikov;M.A.Čel'cov(Saposhnikow,I.G. M.A.Tschelzow): Ein Buch über die Aufsicht der Staatsanwaltschaft in der UdSSR (W.S.Tadewosjan, Die Aufsicht der Staatsanwaltschaft in der UdSSR, 1956) S.127-139

Ausländische Gesetzgebung

Die wichtigsten Gesetzgebungsakte der ausländischen Staaten (Mai - September 1957) S.140-145

Bibliographie

Neue juristische Literatur der UdSSR (Oktober - November 1957) S.146-152

Inhaltsverzeichnis von 1958, Heft 3:

Artikel

Ein neuer Schritt in der Entwicklung der sozialistischen Sowjetdemokratie (Betr.: Dezemberplenum des ZK der KPdSU"Über die Arbeit der Gewerkschaften der UdSSR"). S. 3 - 14

Lobanov,P.P.: Der sozialistische Demokratismus in der Tätigkeit des Obersten Sowjets der UdSSR. S.15 - 31

Mandel'štam,L.I.;V.A.Kirin(Mandelschtam,L.I.): Die Fragen der Erweiterung der Befugnisse der Unionsrepubliken in der Gesetzgebungstätigkeit des Obersten Sowjets der UdSSR. S.32 - 42

Babij, B.M.: Die Bildung des sozialistischen Ukrainischen Sowjetstaates. S.43 - 53

Tumanov,V.A.(Tumanow,W.A.): Über einige Züge der rechtssozialistischen Ideologie auf dem Gebiet des Staates und des Rechts. S.54 - 66

Godes,A.B.: Einige Fragen der rechtlichen Regelung des Wohnungsbaus in der UdSSR. S.67 - 78

Jaičkov,K.K.(Jaitschkow,K.K.): Die Erfindung und ihre Merkmale nach dem Sowjetrecht. S.79 - 87

Viktorov,B.A.(Wiktorow,B.A.): Über die Kritik einiger Thesen in der Theorie des sowjetischen Strafprozesses. S.88 - 94

Čižov,K.J.(Tschishow,K.J.): " Klein-Europa" - eine Gefahr für den Frieden und die Unabhängigkeit der Staaten. S.95 -103

E. 17.(31.) VERZEICHNIS DER IN DER BIBLIOTHEK DES DEUTSCHEN INSTITUTS FÜR RECHTSWISSENSCHAFT VORHANDENEN UNVERÖFFENTLICHTEN ÜBERSETZUNGEN[1]

1.Gesetzesmaterialien und Dokumente (auch Verfassungen und Kurzkommentare)

Ägyptisches Zivilgesetzbuch. Allgemeines Schuldrecht und Recht des Kaufvertrages. Code Civil Egyptien [dt.] 74 S.
Quelle: Ägyptisches Zivilgesetzbuch. S.10 ff. ÜF 11

Gesetz vom 6.März 1957 "Über die Änderung und Ergänzung des Verwaltungsstrafgesetzes. Nr 88/1950." Zákon kterým se mění a doplňuje trestní zákon správní c,88/1950 [dt.] 5 S.
Aus: Sbírka zákonu ČSR. 1957/9,v.6.3.1957. ÜT 516

Gesetz vom 19.November 1956 über die Arbeiterräte. 238 Ustawa ze dnia 19 listopada 1956 r. o radach robotniczych [dt.] 7 S.
Aus: Dziennik ustaw. 1956/53.
[Betr.: Polen.] ÜP 638

24.Gesetz vom 18.4.1957 Über die disziplinarische Verfolgung der Entwendung und Beschädigung von Vermögen im sozialistischen Eigentum.Zákon o kárném < disciplinárním > stíhání majetku v socialistickém vlastnictví [dt.] 6 S.
Aus:Sbírka zákonu ČSR. 1957/12. ÜT 528

Beschluss des Sejm der Volksrepublik Polen vom 1.März 1957. Geschäftsordnung des Sejm der Volksrepublik Polen. Uchwała Sejmu Polskiej Rzeczypospolitej Ludowej z dnia 1 marca 1957 r. Regulamin Sejmu Polskiej Rzeczypospolitej Ludowej [dt.] 26 S.
Aus: Monitor Polski. 1957/19. ÜP 635

Verfassungsgesetz Nr 81 vom 16.September 1953 "Über die Leitung der Nationalausschüsse durch die Regierung." 81.ústavní zákon ze dne 16. září 1953 O řízení národních výboru vládou [dt.] 1 S.
Aus: Sbírka zákonu ČSR 1953/47 v.1.10.1953. ÜT 534

64, Regierungsverordnung vom 30.11.1957 über die örtliche Sicherheit. Vládní nařízení o místní bezpečnosti [dt.] 2 S.
Aus: Sbírka zákonu ČSR 1957/31. ÜT 526

1) Die hier angezeigte Literatur ist gemäß der Benutzungsordnung der Bibliothek des Deutschen Instituts für Rechtswissenschaft für die Mitglieder des Deutschen Instituts für Rechtswissenschaft, Ministerien und zentrale Institutionen der Deutschen Demokratischen Republik und nach der Leihverkehrsordnung der Bibliotheken ausleihfähig.-Verzeichnis 1 - 4 erschien hektographiert, Verzeichnis 5 - 14 ist enthalten im Mitteilungsblatt des Deutschen Instituts für Rechtswissenschaft 1953, Nr.1 - 1955,Nr 3

68.Gesetz vom 19.12.1957 über die künstliche Schwangerschaftsunterbrechung. Zákon o umělém přerušení těhotvenství [dt.] 3 S.
Aus: Sbírka zákonu ČSR 1957/33. ÜT 530

Verfassungsgesetz Nr 33 über die slowakischen Nationalorgane vom 31. Juli 1956. 33. Ústavný zákon zo dňa 31.júla 1956 o slovenských národných orgánoch [dt.] 11 S.
Aus: Sbírka zákonu ČSR. 1956/18.
[Betr.: Slowakei.] ÜS 120

Gesetz Nr 65 vom 19.Dezember 1956 über die Staatsanwaltschaft. 65. Zákon ze dne 19.prosince 1956 o prokuratuře [dt.] 17 S.
Aus: Sbírka zákonu ČSR. 1956/34. ÜT 518

65.Regierungsverordnung vom 11.10.1957 über die Strafvollmacht der örtlichen Nationalausschüsse. Vládní nařízení o trestní pravomoci místních národních výboru [dt.] 3 S.
Aus: Sbírka zákonu ČSR 1957/32. ÜT 524

36.Gesetz vom 4.Juli 1957 "Über die Wahlen der Richter und Volksrichter an den Volks- und Bezirksgerichten und über die Regelung einiger ihrer Verhältnisse." Zákon o volbách, soudcu a soudcu z lidu lidových a krajských soudu a o úpravě některých jejich poměru [dt.] 11 S.
Aus: Sbírka zákonu ČSR 1957/20. ÜT 535

2.Philosophie

Šetlík, I.: Der alte und der neue Revisionismus. Starý a nový revisionismus [dt.] 27 S.
Aus: Nová mysl. 1958/2. ÜT 532

3.Rechtswissenschaft (Aufgaben und Methoden)

Sochaczewska-Krysiakowa,H.;J.Harasimowicz: Wissenschaftliche Tagung des Ausschusses für Rechtswissenschaften. Posiedzenie naukowe Komitetu Nauk Prawnych [dt.] 13 S.
Aus: Państwo i prawo. 1957/10.
[Betr.: Polen.] ÜP 637

4.Staats- und Rechtstheorie

Zamkowski,W.: Die Revision der Theorie der Gewaltenteilung oder die Vervollkommnung des sozialistischen Prinzips der einheitlichen Staatsmacht. Rewizja teorii podzialu. wladz czy udoskonalenie socjalistycznej jednoćci wladzy państwowej [dt.] 17 S.
Aus: Państwo i prawo. 1958/1.
[Betr.: Polen.] ÜP 658

5.Geschichte der Staats-und Rechtstheorie

Keine Eingänge

6.Staats- und Rechtsgeschichte

Keine Eingänge

7.Völkerrecht und Außenpolitik

Brodský, J.: Die Frage der Ballonaktionen in der Internationalen Organisation für Zivilluftfahrt. Otázka balonu v mezinárodní organisaci pro civilní letectví [dt.] 16 S.
Aus: Právník. 1957/10. ÜT 520

Koretki, V.M.: Die allgemeinen Rechtsprinzipien im Völkerrecht. Principiile generale ale dreptului în dreptul international [dt.] 23 S.
Aus: Justitia nouă. 1957/4. ÜRum 87

8.Staatsrecht

Grospič, J.: Die neue verfassungsrechtliche Regelung der slowakischen Nationalorgane. Nová ústavní úprava slovenskioh národních orgánu [dt.] 44 S.
Aus: Právník. 1957/Nr 10. ÜT 514

9.Gerichtsverfassung(einschließlich Staatsanwaltschaft, Justizverwaltung,Notariat und Anwaltschaft)

Dubkov, J.; P.Pospelov: Das kulturvolle Verhalten der Staatsanwälte und Rechtsanwälte vor Gericht. Kul'tura povedenija prokurorov i advokatov [dt.] 5 S.
Aus: Socialističeskaja zakonnost'. 1957/11.
[Betr.: UdSSR.] ÜR 1130

Ivanov, V.; G.Smolickij: Über die Kompetenz des Obersten Gerichts der UdSSR. O kompetencii Verchovnogo Suda SSSR [dt.] 7 S.
Aus: Sovetskaja justicija. 1957/2. ÜR 1128

Neue Zusammensetzung des Obersten Gerichts der RSFSR. Novyj sostav Vysšego Sudebnogo Organa RSFSR [dt.] 6 S.
Aus: Sovetskaja justicija. 1957/2. ÜR 1127

10.Verwaltungsrecht und Allgemeine Aufsicht des Staatsanwalts

Lang, W.; A.Delorme: Aus den Problemen des sogenannten freien Ermessens. (Im Zusammenhang mit dem Plan, eine gerichtliche Kontrolle der Verwaltung einzuführen.) Z zagadnień tzw. swobodnego uznania <w zwiezku z projektem wprowadzenia sadowej kontroli administracji > [dt.] 46 S.
Aus: Państwo i prawo 1957/4-5.
[Betr.: Polen.] ÜP 633

11.Finanzrecht

Keine Eingänge

12.Strafrecht, Strafprozeß

Andrejew, I.: Von der "Gesellschaftsgefährlichkeit" in Verbindung mit den Direktiven über das Strafmass. O spoleoznej szkodliwości w zwiazku z dyrektywami co do wymiaru kary [dt.] 14 S.
Aus: Nowe prawo. 1957/12.
[Betr.: Polen.] ÜP 627

Chejfec,S.: Der Kampf gegen die Jugendkriminalität. Bor'ba s prestupnost'- ju sredi nesoversennoletnich [dt.] 10 S.
Aus: Socialističeskaja zakonnost'.1957/3.
[Betr.: UdSSR.] ÜR 1124

Cyprian,T.: Die bisherige Kodifikation der Wirtschaftsverbrechen, Dotychczasowa kodyfikacja przestepstw gospodarczych [dt.] 13 S.
Aus: Nowe prawo. 1958/1.
[Betr.: Polen.] ÜP 652

Efimov,M.: Die Anwendung der bedingt vorfristigen und vorfristigen Haftentlassung und der Anrechnung der Arbeitstage. Primenenie uslovnodosročnogo i dosročnogo osvobozdenija i začestov raboćich dnej [dt.] 14 S.
Aus: Sovetskaja justicija. 1957/5.
[Betr.: UdSSR.] ÜR 1107

Gavrilov,E.;A.Kuznecov: Der Kampf gegen Verletzungen der öffentlichen Ordnung in der Volksrepublik China. Bor'ba s narušenijami obšvrstvennogo porjadka v Kitajskoj Narodnoj Respublike [dt.] 7 S.
Aus: Socialističeskaja zakonnost'.1958/1. ÜR 1105

Grun,A.: Aktuelle Fragen der Notwehr. Nazrevšie voprosy neobchodimoj oborony [dt.] 10 S.
Aus: Socialističeskaja zakonnost'. 1958/1.
[Betr.: UdSSR.] ÜR 1097

Ibragimov,U.: Der Kampf gegen Verbrechen, die Überreste der Lebensweise der Vergangenheit darstellten. Bor'ba s prestuplenijami sostavljajuščimi perežitki rodovogo byta [dt.] 7 S.
Aus: Socialističeskaja zakonnost'. 1957/11.
[Betr.: UdSSR.] ÜR 1099

Iserles,I.: Über den Schematismus bei der Urteilsfällung. O schematyzmie w wyrobowanin [dt.] 15 S.
Aus: Nowe prawo. 1956/3. ÜP 660

Jurovskij,D.: Die Kodifikation der Strafgesetzgebung der Ukrainischen SSSR. Kodifikacija ugolovnogo zakonodatel'stva Ukrainskoj SSR [dt.] 10 S.
Aus: Socialističeskaja zakonnost'. 1957/12. ÜR 1095

Karnovič,G.: Gerichtliche Bewertung des Sachverständigengutachtens. Sudebnaja ocenka zaključenija ekspertov [dt.] 7 S.
Aus: Sovetskaja justicija. 1957/2.
[Betr.: UdSSR.] ÜR 1126

Kubec,Z.: Das richterliche Strafmass. Sedziowski wymiar kary [dt.] 22 S.
Aus: Nowe prawo. 1957/12.
[Betr.: Polen.] ÜP 629

Penner,L.: Über die Abänderung der Bestimmungen der Strafprozeßordnung. O zmianie przepisów kodeksu postepowania karnego [dt.] 32 S.
Aus: Nowe prawo. 1956/2.
[Betr.: Polen.] ÜP 644

Petrušin,I.: Die geltande Strafprozessordnung der RSFSR bedarf der Veränderung. Dejstvujuščij UPK RSFSR nuždaetsja v izmenenii [dt.] 2 S.
Aus: Sovetskaja justicija. 1957/2.

Polan-Haraschin, J.: Aus der Problematik der Militärverbrechen. < Einige Bemerkungen de lege ferenda >. Z problematyki przestepstw wojskowych. < Kilka uwag de lege ferenda.> [dt.] 19 S.
Aus: Nowe pravo. 1957/12.
[Betr.: Polen.]
ÜP 640

Romaškin, P.: Die Anwendung der Amnestie. Primenenie amnistii [dt.] 26 S.
Aus: Socialističeskaja zakonnost'. 1958/1.
[Betr.: UdSSR.]
ÜR 1118

Rybicki, Z.: Über verschiedene Fragen der verwaltungsstrafrechtlichen Rechtsprechung. W sprawie niektorych zagadnień orzecznictwa karnoadministracyjnego [dt.] 7 S.
Aus: Nowe prawo. 1956/3.
[Betr.: Polen.]
ÜP 642

Sliwowski, J.: Die zeitlichen Rahmen der Freiheitsstrafe im Entwurf des Strafgesetzbuches der Volksrepublik Polen auf der Grundlage der Vorschriften des sozialistischen Strafrechts. Czasowe ramy karny pozbawienia wolności w projekcie k.k. PRL na tle przepisów socialistycznego prawa karnego [dt.] 22 S.
Aus: Państwo i prawo 1957/1.
ÜP 648

Tkačenko, I.: Erörterung der Massnahmen zur Bekämpfung der Kriminalität. Obsuždenie mer bor'by s prestupnost'ju [dt.] 3 S.
Aus: Socialističeskaja zakonnost'. 1958/2.
[Betr.: UdSSR.]
ÜR 1122

13. Kriminalistik, Gerichtliche Medizin, Gerichtspsychiatrie-, psychologie.

Keine Eingänge

14. Zivilrecht

Kaminskaja, P.D.: Die Gründe der Verantwortlichkeit aus vertraglichen Verpflichtungen. Osnovanija otvetstvennosti po dogovornym objazatel'stvam [dt.] 153 S.
Artikel aus: Kaminskaja, P.D.: Voprosy graždanskogo prava.
[Betr.: UdSSR.]
ÜR 1103

15. Urheber- und Erfinderrecht

Keine Eingänge

16. Vertragssystem, Vertragsgerichtliches Verfahren

Navrátil, J.: Die Vereinfachung des Verfahrens vor den Arbitrageorganen. Zjednodušení řízení před arbitrážními orgány [dt.] 38 S.
Aus: Socialistická zákonnost. 1957/10.
[Betr.: ČSR.]
ÜT 522

Zielinski, T.: Das Zwangsvollstreckungsverfahren gegen Betriebe der vergesellschafteten Wirtschaft. Postepowanie egzekucyjne w sprawach przeciwko jednostkom gospodarki uspolecznionej [dt.] 38,17 S.
Aus: Państwo i prawo. 1955/12.
[Betr.: Polen.]
ÜP 6'

17.LPG- Recht,Bodenrecht

Filipescu,J.: Der Unterschied zwischen dem Eigentumsrecht in der Wirtschaft eines Kollektivbauern und dem gemeinsamen Eigentumsrecht der Ehegatten. Deosebiri între proprietatea gospodăriei de colectivist si proprietatea comună a sotilor [dt.] 15 S.
Aus: Justitia nouă 1957/7.
[Betr.: Rumänien.] ÜRum 89

Nagy,L.: Über die Statuten der Landwirtschaftlichen Produktionsgenossenschaften. A mezögazdasagi termelöszevetkezeteg alabszabanyairol [dt.] 22 S.
Aus: Jogtudomanyi közlöny. 1957/1-3.
[Betr.: Ungarn.] ÜUn 220

18.Familienrecht

Keine Eingänge

19.Zivilprozeß(einschließlich Familienrechtliches Verfahren)

Farkas,J.: Über die Reform der Zivilprozeßordnung. A polgari perrendtartás reformjáról [dt.] 38,6 S.
Aus: Jogtudományi közlöny. Jg 12,1957/4-6.
[Betr.: Ungarn] ÜUn 218

Konstantinov,D.: Das Güteverfahren im Ehescheidungsprozeß. Pomiritelnoto proizvodstvo kum brakorazvodnija proces [dt.] 23 S.
Aus: Socialističesko pravo. 1955/3.
[Betr.: Bulgarien] ÜB 181

20.Arbeitsrecht(einschließlich Verfahren)

Kiselev,Ja.: Ein wichtiger Beschluss des Plenums des Obersten Gerichts der UdSSR. (Betr.Verfahrensordnung für Arbeitsstreitigkeiten vom 31.Jan.1957) Važnoe postanovlenie Plenuma Verchovnogo Suda SSSR [dt.] 13 S.
Aus: Sovetskaja justicija. 1958/1. ÜR 1120

Román,L.: Ein Versuch zur Abgrenzung des Lehrlingsverhältnisses vom Arbeitsrechtsverhältnis. Kísérlet a tanulói jogviszony és a munkajogviszony elhatárolására [dt.] 34,8 S.
Aus: Jogtudományi közlöny. Jg 12,1957/4-6.
[Betr.: Ungarn] ÜUn 216

21.Internationales Privatrecht

Keine Eingänge

22.Sonstiges

Czachórski,W.: Colloquium der Internationalen Vereinigung für Rechtswissenschaften(Association Internationale des Sciences Juridiques) in Chicago. Kollokwium Miedzynarodowego Stowarzyszenia Nauk Prawniczych w Chicago [dt.] 12 S.
Aus: Państwo i prawo. 1957/12. ÜP 654

ALPHABETISCHES SACHGRUPPENVERZEICHNIS.

Kolibri 360 GmbH
Ferdinand-Jühlke-Straße 7
99095 Erfurt, Deutschland
produktsicherheit@kolibri360.de